徐彻
作品系列

# 郭松龄反奉见闻

GUO SONG LING FAN FENG JIAN WEN

姚东藩 等◎著

徐彻◎整理

中国文史出版社

**图书在版编目（CIP）数据**

郭松龄反奉见闻／姚东藩等著；徐彻整理. -- 北京：中国文史出版社，2023.1

（徐彻作品系列／徐忱主编）

ISBN 978-7-5205-3723-0

Ⅰ.①郭… Ⅱ.①姚… ②徐… Ⅲ.①郭松龄(1884-1925)-回忆录 Ⅳ.①K825.2

中国版本图书馆 CIP 数据核字（2022）第 175072 号

责任编辑：蔡晓欧

出版发行：**中国文史出版社**

社　　址：北京市海淀区西八里庄路 69 号院　　邮编：100142

电　　话：010-81136606　81136602　81136603（发行部）

传　　真：010-81136655

印　　装：北京新华印刷有限公司

经　　销：全国新华书店

开　　本：720×1020　1/16

印　　张：13.25　　字数：138 千字

版　　次：2023 年 1 月第 1 版

印　　次：2023 年 1 月第 1 次印刷

定　　价：49.80 元

# 目　　录

# 整理说明

郭松龄反奉是奉系军阀史，乃至中华民国史上的重大历史事件，其影响至为深远。

1925 年 11 月 23 日，发生了一件震惊中外的大事——郭松龄在河北滦县车站举兵反奉。但同年的 12 月 23 日，郭松龄就失败了。12 月 25 日，郭松龄夫妇遇害。从起事到失败，仅一个月的时间。起也匆匆，败也匆匆。

起事时间虽短，却掀起了滔天巨浪。起事之初，郭松龄与冯玉祥、李景林结成了脆弱的反奉三角同盟。起事发布的三个通电，先后直指杨宇霆、张作霖。要求张作霖下野，清除杨宇霆，拥戴张学良，并提出在东北实行民主共和政治的主张。对郭松龄反奉，广东国民政府等革命团体，积极声援。李大钊代表中国共产党和国民党左派，发表革命宣言，竭力支持。日本帝国主义等列强，也在密切关注局势的发展。郭松龄起事初期，形势看好，其部队曾经一度推进到与沈阳近在咫尺的新民。郭松龄相信会很快攻进沈阳城，没有料到会在新民一败涂地。

郭松龄，字茂宸，奉天省城人，1883年生。少时家境贫寒，随其父读书识字，曾给地主当过佣工。后来考进奉天陆军小学堂，1916年转入奉天陆军将弁学堂。毕业后，去过北洋陆军，去过四川新军。在四川，他加入了同盟会。1913年考入中国陆军大学，名列榜首。1917年，只身去广州，投奔孙中山。曾谒见孙中山，建言反对军阀。1918年，郭松龄心怀异志，回到奉天。不久，调任东三省讲武堂中校教官。当时，张学良为讲武堂学生。因教学的缘故，郭松龄和张学良结成莫逆之交，成为亦师亦友的关系。这为郭松龄后来的迅速发展提供了极大的机缘。1920年，张学良由讲武堂毕业，升任东三省巡阅使署卫队旅旅长。张学良即调郭松龄为参谋长兼第二团团长。从此，郭松龄踏进了率领重兵的军旅生涯。这是郭松龄受到张学良器重和倚畀的开端。1921年，张学良为奉天陆军第三混成旅旅长，郭松龄为奉天陆军第八混成旅旅长。两旅合署办公，时称三八旅，郭松龄"负实际责任"。1924年，第二次直奉战争时，东北军共编6个军。姜登选、韩麟春任第一军正、副军长；张学良、郭松龄任第三军正、副军长。两军组成联合司令部，联合办公。这就是当时东北军的主力部队一三联军。郭松龄实际控制了一三联军。这就为郭松龄举兵反奉提供了前提条件。郭松龄手握重兵，时机成熟，就举兵起事了。

郭松龄反奉的回忆历史资料，曾经出版发表过一些，主要的是1986年由辽宁人民出版社出版的《辽宁文史资料》第16辑《郭松龄反奉》专辑，收录了17篇重要的回忆文字。还有一些散见报刊的回忆资料。

这次我们公布的是一批新发现郭松龄反奉的未刊回忆历史资料。

　　一个偶然的机会，作者徐彻、徐忱、李焱发现了一批郭松龄反奉的回忆历史资料。经缜密考证，这是一批从未发表过的历史回忆资料，是名副其实的未刊稿。这批资料都写作于20世纪60年代的1961年至1964年，距今已逾半个世纪。即以其第1篇为例，其作者姚东藩生于1896年，逝于1980年，享年85岁。如果健在的话，他应该是108岁了。这批资料的作者大体都是属于这个年龄段的。估计原作者已经全部作古。这批回忆文字应该是他们40年前的遗作。因此，就显得更加珍贵。

　　购得这批历史资料的时间是2004年5月15日，地点是沈阳北站旧书摊。当时，徐彻正在研究张作霖，对这段资料比较熟悉。逛旧书摊时，一个用牛皮纸装订的16开本的资料，引起了他的注意。翻开一看，这些资料是从来没有看到过的。这是一个重要的发现。这是一批差一点被埋没的极为珍贵的回忆历史资料。

　　资料为16开本。封面和封底是牛皮纸，用黑色装订细绳装订。全部文章都是手写的，没有打印的。所用的纸张完全不同，各取所需，有的是原稿纸，有的是书信纸，有的是公用纸。封面上毛笔行书《郭松龄反奉资料（二）》。

　　全部文章计26篇。因第26篇与第16篇重复，应按25篇计算，约计14万字。其中第25篇《郭松龄反奉始末》为综述文章，其余24篇文章都是回忆录，即当事人的第一手资料。涉及作者18人。他们的职务有：总指挥、旅长、团长、连长、书记长；军法处处长、少将教育长、上校作战科科长、军部秘书、军部联络副官、省长公署书记员、医务长等。对于所叙述的事件，他们大多都是亲历者，或亲眼看到，或亲耳听到，或亲自参与，或近在咫尺。文章所涉及的内容，包括郭松龄反奉的原因、战争的经过、失败的原因等，也包括张作霖和张学良的一些历史情况。资料真实，细节生动。读罢，如临其境，如见其人。

徐彻　沈阳

# 郭松龄反对奉张东军见闻纪略

姚东藩[①]

1925年10月初，我由黑龙江省督办公署调升到奉天（现在的沈阳市）镇威上将军公署参谋处任上校科长，临时派在该署总参议办公厅服务。1925年11月滦州会议后，当郭松龄攻下连山进占锦州，张学良军团长率领新编步兵第十二旅、步兵第十九旅开抵新民，占领巨流河左岸阵地，军团司令部设在兴隆店东站。这时我被张军团长调来军团司令部参谋处任上校作战科科长，参与巨流河作战。

当日在张作霖的帅府和张学良的军团司令部，为时既暂，人事生疏，位属末僚，只能就我所知所见以及近来得到当年有关人员的启发，写成《郭松龄反对奉张东军见闻纪略》。事隔30余年，往事

---

① 《东北人物大辞典》（第2卷上）有传，传曰："姚东藩（1896—1980.10），字震黎。辽宁沈阳人。1919年毕业于保定陆军军官学校第6期。1920年后，任黑龙江省军官养成所军事连上尉连长，省军务督办公署参谋处上校科长，东北陆军第六旅八十团上校团长，东北军第十一军少将参谋长，第五十旅少将旅长，东北讲武堂教导队深造班少将总队长，东北军步兵第十五旅少将旅长，一一一师中将师长。1934年在豫鄂皖与红军作战中失利被撤职。中华人民共和国成立后，先在街道工作。1956年参加民革，当选为天津市河西区政协委员，后任辽宁省人民委员会参事，为辽宁省民革候补委员、副秘书长。"

回忆多不完整。遗漏、错误之处，尚希熟悉其情况者，予以补充、纠正，俾益臻真实完善。

# 一、张作霖帅府的所见

## 1. 总参议公厅打开闷葫芦

镇威上将军公署（以下简称公署）总参议公厅（以下简称公厅），设在沈阳城内张作霖帅府的第三进院里，其东上房四间为客厅，西上房四间为历任总参议张作相、杨宇霆、王树常等的办公室。眉批：一个上房分为东西。

1925 年 11 月 22 日上午 9 时许，总参议王树常、参谋长于国翰、参谋处处长陈钦若、科长胡颐令、姚东藩等先后上班。室内只听"嘀嗒"的钟响和翻阅文件的纸张声，电话铃响打破寂静的空气。于参谋长从容地拿着耳机，边听边注视面前的文件向王总参议说："绥中车站工长报告，开往北京大快车过站，要山海关站的路签，所有线路都叫不通，由前所车站派人向万家屯车站查线，已有两个钟头，未见回报，问公署得着什么情况没有。"王命他让前所车站再派妥员检查，一面问问山海关驻军王之佑（镇威军第五方面军团司令部的参谋处处长）。当陈钦若拟妥给王之佑电稿，送交于国翰核阅时，电话铃声再响，引起大家注意。于参谋长接听时现出惊异神情。电话内容是："绥中车站站长报告'由万家屯车站逃来的职员称，今早从山海关开到兵车一列，兵力不到一个团，官兵下车后，封锁车站，砍断电缆，禁止行人，并在车站附近对东西两面占领阵地，有严阵待敌模样'。"我看到王、于、陈、胡诸人，都在做个人的思考与判断。终于，王树常决定把这情况令王之佑查复。

此时，张作霖着灰色绸袍，神情泰然地走进公厅，问："什么事？"于国翰即将所得情况和拟定办法向张报告。张不假思索地对站在门外的副官郑奎武说："请辅帅就来。"（吉林省军务督办张作相，别号辅忱，人们均以"辅帅"称之，他兼任镇威军第五方面军团军团长，其司令部设在山海关，张本人现在沈阳）后来郑奎武拿一支长不满尺的旱烟袋，装好烟递给张作霖，张吸着烟说："他（指张作相）太厚道。"王树常谨慎地对张说，等王之佑复电就明白了。

张若有所思地把烟袋丢在桌上走出，叫我跟他到悬挂地图的东厢房去（地图室由专任参谋管理，逐日标志奉、吉、黑三省以及山东、直隶①、热河②、江苏、安徽各省所有驻军的位置）。张注视万家屯车站，用手指量算与山海关的距离，"不到二十里"，自言自语地说，并指出某部队位置已有移动，告诉移动标签。张回到公厅不久，张作相进来，身穿米色西装，没扎领带，着便鞋，显然来得仓促，不减其雍容厚重姿态。张作霖说："你的部队有事。"于参谋长不等张作霖继续向下说，接着即将所得情况和拟定办法向张作相介绍。张作相未表示意见，仅说："给王之佑电报就发吧。"随张作霖走向客厅去了。

后来听说，郭松龄在滦州会议时，为顾全张作相的关系，令高维岳师刘维勇旅的第九十一团团长张廷枢（张作相次子）离职。当张作霖请张作相来帅府时，正值张廷枢电话向乃父陈述滦州会议情

---

① 今河北省。
② 今河北省东北部、辽宁省西部及内蒙古自治区一部。

3

形，张作相已先得着郭松龄反奉的消息。

张作霖、张作相离开公厅后，参谋处长陈钦若用铅笔竖起放倒（示倒戈之意），对我做哑谜手势。我问怎么回事，陈又写出"郭"字，遂用铅笔抹字迹。我追问为什么？陈又写出"七个电报问题"。王树常令我从这天起在公厅值宿。我将陈钦若的哑谜手势和七个电报问题向王说明，王说："情形很复杂，确是严重的。"当晚9时，秘书处送来胡若愚从天津发来不到百字的亲译急电。王树常面红耳赤，急急忙忙地拿着胡电，面报张作霖。30分钟左右，张、王同来公厅，张作霖迫不及待地说："找芳长。"（芳长，韩麟春别号。韩这时丁父忧，居丧沈阳大北关铁岭道）

陆续到公厅的除张作霖为首外，有张作相、杨宇霆（由江苏逃回，张作霖委杨为公署总参谋长，职权在总参议之上）、王树常、于国翰、陈兴亚、于珍、郑谦，还有一向不到公厅的代理奉天省省长王永江等人。大家看过胡若愚电报，都默默不语。韩麟春来到公厅，张作霖手指桌上电报示意韩阅，韩坐下先用右手举阅，继而放在桌上注视，最后俯首在双手背上，入于沉思苦痛状态。张作霖向韩说："说话呀！"韩站起来挪到里边桌坐下，张又说："怎不说话呢？"韩仍不语，起身走出，张也随之离去。其余诸人都充满焦虑不安的神色离开公厅，看情形都到张的内宅去了。

约11时许，张学良军团长来到公厅，站在电灯下双手持阅胡电。他面色苍白，两肩发抖，双手颤动，其内心紧张，已失常态。王树常在旁边说："辅帅、芳长都来过啦，辅帅就去山海关。"而后，秘书处又送来山海关王之佑发来亲译急电三份（公署收到电报的处理：一般电报，由电务处译后送秘书处，条呈张作霖阅，阅后盖上寸楷红色戳"帅阅"二字；亲译电报，送总参议公厅译，再呈张阅）。张学良看过王之佑三份电报后，知郭松龄已有军事行动，便说我也要走（上前方去）。接着张学良、王树常、于国翰三人进行密议，直到翌日3时许。侍者通知夜餐，三人无心茶饭，离开公厅。这一天接到胡、王四份电报后，揭开了郭松龄反奉的初步情况。

郭松龄反对张作霖的原因，说者谓郭愤懑姜登选夺去安徽督办，对张作霖心怀不满。对姜登选既有旧恨（第二次奉直战时，郭在山海关正面擅自撤退，姜则建议按军法惩处），又加上新仇，是他反奉的主要原因。但也有另外原因。当奉张势力深入苏、皖、浙，居天津的张绍曾，策动北京的冯玉祥、浙江的孙传芳，约期共举反对奉张。江苏督办杨宇霆、安徽督办姜登选，先后被孙传芳联军赶走。张作霖极为愤恨，决心先解决冯玉祥，解其后顾之忧，再图江南。遂将所辖军队组成六个方面军团，拟以主力集结河北省北部地区，另以重兵进出热河，直趋张家口威胁冯军背后。时郭松龄在日本观操，与冯玉祥派赴日本观操的韩复榘会见，惺惺相惜，一拍即合，建立郭、冯初步关系。张作霖微有所闻，急调郭中止观操返回奉天，参与讨冯。所谓七个电报，此其第一个。

张作霖新组成的第三方面军团，以张学良为军团长，辖三个军，其第八军军长由张兼，第九军军长为韩麟春，第十军军长为郭松龄。郭曾向张学良提出，我怎能与韩麟春在一起，你不是不知道吗？实际上郭已窥测到，张作霖有意识地控制张学良和他事权不分的情况（过去张任第二旅旅长，郭任第六旅旅长时，两旅在一起办公，事权郭则多做主张。以后该两旅扩编为师、军时，也是事权郭多做主张）。此番新组成的军团内有韩麟春任军长，则郭就不能独断行使张学良的职权。张作霖旋委于珍为该军团副军团长，郭对新来的"婆婆"更为不满。因此促其势必反张。这是七个电报中的最后一个。其他五个电报我不清楚。

另外在姜登选出任安徽督办之前，张学良向郭松龄征求意见，让郭当安徽督办，但不能带队伍去。郭说："杨督办怎能带两师人呢？不带队伍我不去安徽。"张说："你不去我们就在一起，以后机会是有的。"

## 2. 胡若愚、王之佑的电报内容

胡若愚从天津来电内容大意是："汉卿兄：兄回奉之日，郭即出医院去滦州召集将领会议，撤换刘（振东）、齐（恩铭）、赵（恩臻）、高（维岳）四师长（兼副军长）。值姜督（姜登选）专车过境，郭令滦州车站司令彭振国指挥富占魁团缴姜械，姜遇难。"

解放后在天津，胡若愚曾对我说，那封电报是由意大利领事馆拍发的，还花了很多钱。

王之佑从山海关发来三个电报，内容大意是：其一，本日拂晓有队号不详兵车一列，开出关外，以为是兵运常事，未加注意。后依据榆关车站站长报告，拂晓开出关外的兵车，到万家屯车站下车占领阵地，破坏交通设备，急请解决恢复交通，并接到昌黎汲金纯报告，本日凌晨突有队号不详第三方面军团的兵车多列东开。其一部于昌黎下车，即向汲师驻昌黎部队围击。因事出仓促，汲师部队队形混乱，由驻留守营的汲师徐旅，妥为收容。令向榆关集结。其二，根据现有情况，已命驻站（榆关）部队严加戒备，对情况不明的兵车，拒绝通行。旋据报西来兵车一列强行通过，双方发生冲突，激战约一小时全部被解除武装。查明系杨德新营。其三，开到万家屯的部队，系高维岳师刘维勇旅的第九十一团，已派兵突击缴械。该团原任团长张廷枢在郭松龄滦州会议时被撤职，由中校团附董舜臣升任。据董供称，奉郭军长命令，山海关吉林部队图谋不轨，阻止我军出关，派该团为先遣队，占领万家屯，掩护全军安全出关。对已缴械的官兵如何处理，请示遵行。

### 3. 张作霖的惶恐与调兵遣将

翌日，我在公厅看见发电稿里有：告知黑龙江军务督办吴俊升、热河都统阚朝玺和热河驻军汤玉麟、穆春等郭松龄滦州会议，汲金纯师在昌黎被袭击和第五方面军团在榆关拦击郭松龄部队出关等情况，并召吴、汤、穆等人即日来奉。致吴俊升电文内有："辅忱孤军防守榆关，亟待策应之师……"吴最先复电说："俊升遵电即日去奉，已令第十八师代理师长吴泰来率步兵第二旅富春部待命出发。"给榆关第五方面军团的复电说："……尽力收容汲师，相机拦击逆军出关，必要时向兴城转进。对铁路交通要点施行破坏，以迟滞逆军进犯。"这天电山东张宗昌通告郭松龄滦州会议情况，及河南军务督办赵偶受国民第三军压迫请兵驰援，电张宗昌务与赵督保持联络，今后应负北方大局，吾弟须掌握底队（自己的最可靠部队），支持山东局面……此时直隶督办李景林来电请加领枪弹、炮弹，但对滦州会议事只字未提，张作霖极不满意地说："要东西给他。"这天张作霖几乎整日未离公厅。

约25日早3时，秘书处送来郭松龄从滦州假用张学良和郭两人署名的电报（清君侧电）。时间虽早，而室内已拥满了省城内的重要人物。杨宇霆首先来到，看完电报，只是苦笑，没有发表意见。张作霖在室内来回走着说："无怪人们说鬼子（郭松龄绰号）、六子（张学良小名），这是他妈什么事，给他（张学良）去看。"张又喊俞恩桂（公署副官处长），俞应声："嗻！"张说："我叫你整谁，你就给我整谁。"俞说："遵大帅吩咐。"张又问："外边来齐没有？"我们才知道张作霖要对在省城的军官们讲话。

这天，由第三方面军团副军团长于珍（滦州会议前不久张作霖委派的，郭松龄很不满这样的顶头上司），率领在沈阳城的卫队高金山部、各补充团（张作霖为补充杨宇霆在江苏损失的两个师兵力，招募八个补充团。此时新兵入营的已有四个团，由朱继先负责训练）和北大营军士教导队等部队的军官，齐集张作霖的帅府听候讲话。

张讲话毕，从队列中提出卫队的中校团附徐良、补充团团长郝玉铭，有响应郭逆嫌疑，当场扣押。又密令俞恩桂对郭松龄、李景林家属和郭军带兵的高级军官在沈阳城居住的家属进行监视。这时有两种人感到自危：一种是属于郭松龄清君侧电所清的对象和与这些对象有关联的人；另一种是素与郭有关系，怕被扣上通郭罪名。前者以杨宇霆为首及亲杨派；后者以王瑞华最担心，他是军士教导队上校队附（队长张学良），为当时省城一支具有实力的三营兵力，且传言王有受郭委为旅长之说。

此外，王永江也很注意郭变的发展，每日与王树常在电话上取得联系。

本日中午，张作霖来公厅，令我找杨宇霆，凡杨能到的地方遍找无踪（后面另述）。当王树常、于国翰到公厅后，我将张作霖找杨宇霆事向王、于报告，两人都没有什么表示。王树常独自走向张作霖的内宅（张内宅是前后青砖楼两所，与帅府一墙相隔，往来必经过洋灰砌成的假山洞，洞门上边刻有张亲笔撰写的"天理人心"四字）。

午后张作霖的态度有了转变。召王瑞华进帅府，王先和我说："够呛。"我说："真有问题，不会让你到公厅来。"王进来后，张作霖目不看他，问："你叫王瑞华?"王答："是。"张问："跟我几年啦?"王答："侍候大帅四年了。""你有多少人?"王答："三个营，都是军士。"张作霖才眼看王瑞华说："我委你为旅长（步兵第四旅，后改步兵第二十七旅）。"王出乎意料地连鞠三躬说："谢大帅栽培，瑞华年轻担此重任，时虞陨越，唯有竭尽忠诚，图报万一。"张高兴地说："编三个团，营长升团长，小武友由你派，用什么和王总参议要。"这时王树常和于珍小声说："给个团长就行啦。"张作霖接着说："你懂得什么?"张又叫俞恩桂说："告诉那些官们的家属，好好过日子，罪犯是郭逆一人。他们家的人是我的部下，缺柴少米的，给他们送去。"这些家属从提心吊胆得着安定，都派专人向亲人报平安去了。

郭松龄于发出养电后，继又通电就任东北国民军总司令职。这时黑龙江军务督办吴俊升到达奉天。进见张作霖时，口称："巡阅使，我来时已叫泰来先带富春旅出动，一切听巡阅使吩咐。"随后张、吴去客厅会谈，王树常、于国翰也参加了。决定编成第六方面军团，由吴俊升任军团长。调驻热河赤峰的骑兵第十四师穆春部和驻热的黑龙江骑兵第十七师万福麟部、步兵第十五旅梁忠甲部，以及第十一师汤玉麟部四军驰援，归吴指挥。任命韩麟春为第四方面军军团长。发表告全体将士书，罪在郭逆一人，悬赏擒获郭松龄者赏洋10万元，擒获郭妻韩淑秀者赏洋5万元。张学良看到这个通缉令时向左右人说："郭大嫂还值5万元呢!"

### 4. 杨宇霆出走之谜

杨宇霆看过郭松龄电报，在张作霖对军官讲话完毕，关押卫队中校团附徐良、补充团团长郝玉铭后，匆匆离开公厅。我正在午餐，张作霖突然到公厅向我说："找杨督办。"杨的家、兵工厂（杨任督办）、测量局（杨任局长）等处，遍寻无踪。张等得不耐烦的样子，临走时还说"找"。我又对杨所能到的地方查寻，最后问到杨的司机说："早晨送督办到帅府后，他叫我将车开回家去等他电话，我现在还等着呢。"这时杨的家、兵工厂也不断来电话找杨督办。少顷，张作霖又来公厅，我详细地报告找杨的经过。张念叨说："40多岁的人，这么想不开！"当时我想这话的意思是，郭松龄一纸电文（清君侧对象杨宇霆是为首的），就把他吓走了。也许杨怕张作霖效汉景帝诛晁错的故事，以谢郭军。

杨宇霆出走三四天后，突然出现在公厅，照常批阅文件。人们只知杨从大连回来，干了什么勾当，知者甚少。郭军进抵锦州时，日本方面派人与郭讲条件，郭坚决反对。这时我看到以奉天驿（现在的沈阳站）为中心沿南满线的局部地图一幅，在铁路两侧画上红线，所谓南满线铁路两侧各20里内不准中国军队进入的通牒。另外日本关东军在沈阳张贴的布告，也同样记载南满铁路两侧各20里不准中国军队进入。其时日本关东军守备队也在调动。1926年张作霖答拜日本关东军司令时，日本向张提出履行协助讨伐郭松龄时的诺言（条件不清楚）。听说张作霖当场说过这样的话："这样重大的事，不经东三省民意通过，我不敢做，做也无效。"日方随即出示杨宇霆亲笔签字盖有张的名章的中日双方议定文件。张说："我的名章有三个交给杨办公用的，区分为：财务用的、人事用的、公文用的。对外签订条约是不起作用的。"以上事件与杨出走有关。按经杨手签订卖国条约，张取默认态度，也尽情理。以后杨自居功高，张对杨宠信弥坚，亦不为无因。

### 5. 郭松龄拒见张学良

张学良军团长从接到胡若愚电报后，就与王树常、于国翰深夜密议。翌日，张偕少将军法处处长朱光沐、眉批：当时是上校秘书，到兴隆店后才任军法处处长。上校参谋鲍文樾、中校副官姜化南、少校副官谭海，由沈阳出发。专车开抵连山车站，用铁路电话与前所车站的郭军先头旅旅长高纪毅通话。后张给王树常电话说："高纪毅叫我回沈阳等着，真可恨。"张作霖在旁问："谁?"王说："高纪毅。"张说："你看他用的人连名字都咬嘴，什么记忆的不记忆的。"因此张作霖对高的印象最深，从而，张学良后来起用高纪毅，做了许多解释工作。

张学良从葫芦岛改乘军舰驶抵秦皇岛，派鲍文樾持张亲笔信上陆见郭（时郭在滦州），约郭见面，商谈善后问题。被郭拒绝，连鲍文樾也未予接见。张学良在军舰上给他父亲发来不到 200 字的电报，内容有："老父莫过悲伤，张学良从此海走天涯……"张作霖手持张学良的电报来公厅说："跑到哪是你们的家?"又说："叫他就回来。"张学良返回连山时，张作相、汲金纯的专车也到达连山车站。他们议定第五方面军团各部队占领连山—葫芦岛一线，构筑阵地，阻击郭军。张学良回到锦州，整编在沟帮子的张廷枢第十九旅，当连山双方接触，郭军第一军第三十四旅第四十六团团长富双英和第五十九团第三营营长刘荫厚等率队归来，编为第十二旅，富为旅长。连山失守时张学良、张作相协议，大军转进新民作最后决战。张学良率张、富两旅开到兴隆店车站。

后来我在兴隆店军团部张学良的桌上看见一封信，是张在秦皇岛约郭见面被拒后，张在军舰上写给郭松龄六七页的亲笔信。郭将原信退回，并在张的信上加了眉批、句批，最后半页批写得更密。仅记忆其中几句的大意，张信说："国是日非，爱国你我均不后人，我用人不分畛域，不问派系，向以国家事相勉。"郭批："我公多疑好杀……"郭又批："内战不息，民不聊生，国几不国矣，谁为祸首？"张信说："我们相处如家人父子手足。"郭批："你有我这么大的儿子吗？"郭又批："我的权威能说是你所假的吗？"又批："我出生入死，非不自惜也……"最后半页有："我成功后仍推我公主持一切……"这封信怎样交回张学良的，我不清楚。

### 6. 连山溃退沈阳混乱

第五方面军各部队在榆关阻击郭军后，退守连山—葫芦岛一线，再度阻击郭军。其骑兵在连山以北地区掩护方面军的右翼，步、炮兵则在连山及其以南地区占领阵地。汲金纯师在左翼，阵地靠近海滨。时值大雪，郭军士兵着单衣夹鞋，冻伤载途，官多聚集民宅取暖，兵则遥为鸣枪以示攻击。所以郭军进攻开始，没有进展。

张作霖时对连山防守军队指示机宜，大批慰劳品运送前线，士气旺盛。百姓说："郭鬼子带一帮饿鬼，把我们一年的粮柴，吃光烧光。"张作霖迷信交大雪节令，必定胜利。张问卜占课，均说交大雪节令，郭松龄必败亡。

郭军正面进攻连山不下，乃选拔步兵一团（团长林郁文）偷渡海滨（连日大风雪，气温降低，海潮结凌），夜袭汲金纯师的左后背。汲师混乱溃散，牵动了张作相部阵地守兵，不战也随之奔逃。张作相军团部专车，从高桥车站急行开过女儿河后，将铁路桥炸毁。汲金纯专车被阻在河西，只得随在溃军中，徒涉过河。汲本人前次在昌黎遭到郭军突然围攻，弄得马不及鞍，只身逃到山海关。这次又在乱军中，赖随从背扶渡过女儿河，饱尝冰水之苦。喘息方定，痛骂儿女亲家张作相，大有不共戴天之仇。连山全线崩溃，实际只有林郁文团迂回成功。

12月3日夜11时许，接到第五方面军团王之佑电话，报告连山失守情况。我急向张作霖、王树常、于国翰报告。当夜，张作霖换上短装、紫貂皮帽和王、于到客厅会议。突然全城电灯熄灭。张作霖急喊说："问问怎么回事？"电灯厂负责者慌得在电话里说不出话来。这时日本人来电话，王树常用日语与之通话毕。张作霖问："这是谁？"王唯唯诺诺地说把他姓名忘了，张发火道："你还能做什么事？"由于卫队的官们几次地报告城内平静，经很长的时间，全城复放光明。张悻悻地走出，王亦跟去。后来我问王是怎件事，王说："日本某顾问在电话里报说，在大西门外，我某警察所被敌包围袭击，是否需要日本军队出动援助。乃无端生事，借端制造事件。老将（张作霖）在气头上，如再浇油怕生意外。我已劝老将日后见面，当作不知了事。"这次虚惊，张作霖表现得过度恐慌和暴躁。

翌日，帅府首先用卡车装载贵重物品，运赴日本站。沈阳城里秩序大为混乱，市民、商号也忙着搬家运货，大、小西门为之壅塞，继而大、小南门也是拥挤不堪，特别是帅府运东西的汽车不听指挥。

宪兵司令陈兴亚无法维持秩序，乃呈请辞职。听说日本站（现在的沈阳站）所有机房全部人满，东西堆积到机房门外。有人说张大帅已备妥火油，（准备）于逃出沈阳时烧毁帅府的大楼。

连山陷落的早晨，王树常派我拿着他的亲笔信，到小河沿吴俊升宅见吴的夫人。但在黎明时，张作霖已派人将吴夫人及其子女接来帅府。张在通告吴俊升连山失守电文内附带说，为了尊夫人和侄子们的安全，暂接到舍下居住，表示关怀保护，但吴家传出有人质之说。晚间，于国翰叫我护送他和王树常的家眷到熊岳去。我说不好吧，于说你知道什么，意思他们是在清君侧之列。我又说距锦州还远呢，他们的家眷最终迁往日本站附属地其族弟于世杰家里。

### 7. 锦州的风云际会

连山失守后，郭军没遭抵抗便占领锦州，郭松龄于 12 月 5 日到达锦州。奉天省议会代表，以为民请命和外交关系前往锦州，与郭松龄商谈条件，要求停止军事行动，并闻日本方面也派代表与郭谋求妥协。郭对日本代表严词拒绝。对省议会代表的答复是到沈阳后再议。同时，公署方面得悉热河都统阚朝玺，以邱天培为代表要求与郭协作，阚被委为顾问而失望，并闻哈尔滨护路军总司令张焕相鱼电郭松龄，表示欢迎。张作霖甚为震怒。

## 二、新民巨流河决战与郭军覆灭

### 1. 张学良重组第三方面军团

滦州会议后，原第三方面军团各部队，尽被郭松龄据有，原第三方面军团军团长张学良手无一兵一卒。他在秦皇岛为郭松龄拒绝见面后返回连山车站时，即发表张廷枢为步兵第十九旅旅长，以在沟帮子整训的从榆关缴械的徒手兵编为三个团，委赵有光、王朝臣、齐家祯为团长，开到新民补充军械、装备，这位光杆的军团长才有一旅的底队。

连山战斗，郭军的第一军第三十四旅第四十六团团长富双英率部队归。富双英系保定军官学校第五届毕业，投入奉天军队后，从排长、连长几年间升到第三十四旅第四十六团团长。滦州会议后，郭将第三十四旅旅长孙旭昌撤职，富有资格升任旅长，而郭竟委派其速成同学马忠威为旅长，富内心不满。当连山战斗时，富率本团（欠一个营）背叛郭松龄，向第五方面军团正面刘麟宝团投归东军，张作相将富团送交张学良收编。张作霖得着消息后，甚为高兴。编为步兵第十二旅，以富双英为旅长，隶属两个团。以其中校团附刘振东、营长李德荣为团长。又第三十四旅第五十九团第三营营长刘荫厚也率部队归，改编为第四十团，归张廷枢指挥。

骑兵第八旅于芷山部，驻防京东的三河县。于得知滦州会议后，即率所部郭希鹏、董怀青两团经热河朝阳，星夜回奉。12月中旬，于芷山旅到达新民。张学良增添一支骑兵部队，晋级于芷山为中将旅长。

前奉军步兵第二十师在上海失败后，该师旅长刘一飞逃回奉天。他在卧病中间听滦州会议，带病赴帅府谒张请缨讨郭，张作霖说："你有病要好好养病"，并给3000元金票。刘说："养兵千日，用兵一时，我一定要上前线。"张作霖说："就给你那个旅成立起来。"由三个补充团编成（旅号忘记），而后调到兴隆店归张学良指挥。

后来由省城调来新编成的王瑞华旅，也归张军团长指挥。

这里插一段话，吴俊升常说："大丈夫不可一日无权。"滦州会议后，张作霖的精锐部队，尽被郭松龄掌握。此时张作霖不顾各方对张学良的指责，仍指示其拼凑部队作为资本。张的爱子情深，虽一时兵寡力弱，只要掌握底队，就能与奉系中的老派争得势力的平衡和处理郭变善后的主动权。这是张作霖的深谋远虑。

张学良从前方回来，将军团部设在兴隆店，他一直没回沈阳。他指名向于国翰调我任参谋职务。时沈阳西关南关城门通行困难，公署汽车送我从大东门到北站转火车到达兴隆店。张军团长首先给我的任务，是向公署请领构筑阵地器材。参谋处处长鲍文樾指定我任作战科科长，由我负责从公署调工兵科出身参谋三人，负责防御阵地构筑及通信设备。继而派来上校王握前任谍报科科长。在军团长列车后边挂一办公车，安装通往富双英旅、张廷枢旅、于芷山旅、刘一飞旅、王瑞华旅、第六十团张学成部和第十八师司令部等七部电话，拼凑的参谋处开展他们的业务了。

当时第三方面军团军团长司令部仅有的人员如下：

| 参 谋 处 | 少将处长 | 鲍文樾 |
|---|---|---|
| | 上校科长 | 姚东藩、王握前 |
| | 少校参谋 | 3 人 |
| 副 官 处 | 少将处长 | 周濂 |
| | 副官科上校 | 姜化南 |
| | 少校 | 谭海 |

|  |  |  |
|---|---|---|
| 会计科上校科长 | 荆有岩 |  |
| 少校科员 | 王某某 |  |
| 秘 书 处 | 上校处长 | 刘鸣九（由天津回来） |
|  | 处员 | 少校汤国桢、上尉康瑞符 |
| 通 信 | 上校 | 蒋 斌 |
| 交 通 | 少将 | 邹致权 |
| 车站稽查 | 中校 | 郭恩海 |
| 日籍顾问 | 少校 | 仪 我 |
|  | 大尉 | 荒 木2人 |
| 卫 队 | 王瑞华旅的王以哲团 |  |

第三方面军团所属各部队长姓名如下：

步兵第十二旅　　少将旅长富双英，团长刘振东，旅副官李德荣

步兵第十九旅　　少将旅长张廷枢，团长赵有光、王朝臣、齐家桢，外有第四十团团长（姓名记不得）

骑兵第八旅　　中将旅长于芷山，团长郭希鹏、董怀青

暂编步兵第四旅　　少将旅长王瑞华，团长王以哲、邵文凯、韩光第

步兵第某旅（森林警备队）　　少将旅长刘一飞

炮兵指挥官　　少将陈 琛

总预备队长　　中将朱继先

眉批：这是在兴隆店设司令部时的情况。以后又成立军械、军需、军法、副官、兵站、交通各处，设车站司令。

## 2. 新民巨流河决战东军兵力部署

新民巨流河最后防御阵地线是在第五方面军团从榆关撤退后，公署派参谋人员和讲武堂教官戴师韩等赴新民勘察，经张作霖决定，在巨流河左岸铁路两侧地区构筑防御阵地。右岸由腰高台子、经高台村、大王家窝铺、方巾牛碌、七家子、花楼、温查牛碌、长沟沿之线。在该线上东军的兵力部署：

右翼：第五方面军团（军团长张作相），占领高台子、腰高台子一带阵地，其骑兵使用新民县以北地区。该方面军团所属部队如下：

步兵第十五师　师长张作相兼，辖李桂林、李杜两个旅
　　　　　　　　　步兵第×旅　旅长赵维桢
步兵第十七师　师长姜向春，热河部队
骑兵第十六师　师长于瑞澂，赵芷香旅
步兵第十五师骑兵团　团长陈锡九
炮兵第十团

中央：第三方面军团（团长张学良），右接第五方面军团，左至七家子之线占领阵地，其所属部队具体配备如下：

步兵第十九旅　在铁路东侧巨流河左岸占领阵地，右翼与第五方面军团左翼接连，左翼与步兵第十二旅接连；

步兵第十二旅　在铁路西侧巨流河左岸占领阵地，右与第十九旅接连，左翼至大王家窝铺东北侧；

张学成团　在大王家窝铺附近占领阵地；

骑兵第八旅　接张学成团左翼延伸至方巾牛碌、七家子之线占领阵地；

总预备队　总指挥中将朱继先，指挥司令部设在兴隆店车站，其刘一飞、王瑞华两个旅控制于军团左翼后；

军团部设在兴隆店。

左翼：第六方面军团（军团长吴俊升），其所属部队如下：

步兵第十八师　　　　代理师长吴泰来

　　第二旅　　　　　旅长　富　春

　　第十五旅　　　　旅长　梁忠甲

步兵第九师（残部）　师长汲金纯

步兵第十一师　　　　师长汤玉麟

骑兵第十三师　　　　师长张九卿

骑兵第十四师　　　　师长穆　春；旅长王永清、徐永和

骑兵第十七师　　　　师长万福麟

　　第四旅　　　　　旅长张兵九

　　第五旅　　　　　旅长马占山

19

黑龙江省步兵第十五旅，辖第三十二团、第三十八团。滦州会议后，从热河调回，归第五方面军团指挥，参加连山战斗。连山撤退后，到新民县归第六方面军团建制，在前长沟沿、花楼、温家牛碌一带占领阵地。

约在12月初，第三方面军团各部队进入防御阵地。正面富（双英）、张（廷枢）两旅阵地系半永久防御工事，设有堡垒、交通壕、掩蔽部、铁丝网、鹿寨等。官兵多在阵地内食宿。新任命的第四方面军团军团长韩麟春来到兴隆店。（张学良、韩麟春）两人亲赴前方视察。团长刘振东说："这样旺盛的士气，坚固的阵地，即使打山海关名将善于攻坚的郭鬼子，也妄想接近一步。更主要的是他那些官兵不给他卖命。"韩麟春对富、张两旅长说："必要时，我们转移攻势，主力出击是有条件的。"同时，传达张作霖的指示，富、张两旅官兵从现在起按月发给双饷。作战期间，饼干、肉类罐头则按日配发。官兵欢腾，都表示决心与郭军拼到底。士兵也提出要求解决冻伤和医疗，请设立前方医院，并发给小皮袄等，张军团长答应一一照办。

### 3. 郭军进攻概述

从锦州向东进攻时，郭军总部一直设在火车上（至柳河沟时才离开火车），沿途修桥修路，火车头还须抓民夫上水上煤。时值严冬大雪，士兵身无棉衣，包头、缠脚、披毯，冻伤载途。给养无着，就食农户，前边军队吃光，后边军队挨饿，以致远出行军20里就食宿营，造成前进速度缓慢。同时，守山海关的第五军军长魏益三，迭报李景林与冯玉祥已发生接触，国民第二军孙岳乘机夺取直隶省地盘，冯玉祥渡过滦河迫近榆关，其骑兵一部进出关外。

郭军已有后顾之忧，急调步兵两团，以增加魏军力量。

12月21日郭军进入新民县，其先头部队为范浦江军第三十三旅。同日，郭松龄到达白旗堡。12月22日郭军的攻击部署大概情形如下：

第一军：（军长刘振东，辖第六旅、第二十七旅、第三十七旅、炮兵第三团。旅长是刘文清、齐鹏大、王德印）展开于新民县东北地区，向占领腰高台子、高台村一带阵地的第五方面军团攻击。

第二军：（军长刘伟，辖第二旅、第十九旅、第三十四旅、炮兵第四团。旅长是邱宗潘、高纪毅、马宗咸）展开于新民县迤南地区，向占领大王家窝铺阵地的张学成团和第三方面军团富双英旅阵地攻击。

第三军：（军长范浦江，辖第十二旅、第十四旅、第三十三旅、炮兵第五团。旅长姓名都忘记了）展开于新民县东南地区，向第三方面军团右翼张廷枢旅阵地攻击。

第四军：（军长霁云，辖第四旅、第五旅。旅长是栾云奎、刘维勇）占领大民屯后，向花楼、长沟沿、方巾牛碌地区的于芷山旅和第六方面军团的步兵第十五旅、步兵第二旅阵地攻击。攻击开始后，刘维勇旅长亲到前方督战，被于芷山旅骑兵某部俘获，由于夜间疏于看押，乘隙逃回。骑兵于芷山旅的某团长乘马，被刘维勇旅的营长高峻岭虏获。该方面的战斗最为激烈。

第五军：（军长魏益三，辖三个旅。旅长是彭振国、吴魁麟、金恩奎）驻守山海关。郭军失败后，投靠蒋介石。

### 4. 郭松龄逃走与就擒

郭军总司令部参谋长邹作华（原任炮兵旅旅长），率参谋处处长陈再新（原任步兵第十九旅旅长，滦州会议后调任的）先离开郭的专车，到达新民。陈再新便密与驻新民县的日本副领事接洽，向沈阳张作霖报告郭军官兵饥寒、士无斗志和郭军进攻部署的真实情况。后来陈再新说过，日本副领事向他提出，以郭军停止军事进攻为条件，愿做调解人。

郭军攻击开始后，邹作华综合得悉前线各军官兵情绪低落，表现不愿再打下去。邹与军长刘振东、刘伟、范浦江等举行会商，决定为了鼓舞士气，请郭松龄亲到前方指挥。郭乘火车驶抵柳河沟时，因桥梁破坏，不能前进。郭与韩淑秀改坐大车，于12月22日午后6时左右到达新民，于德兴店听取各将领报告后，亲赴前方视察、督战。一些旅长、团长陈述官兵的情况，即转攻为守也没把握，总攻更感困难。视察过了半夜，返回新民，召集各将领研究明天总攻，各军长默无一言。郭问："事已至此怎么办？"陈再新建议，求新民日本领事出面调停。郭说："我愿与杨宇霆同时下野为条件。"遂派员赴日本领事馆商洽，日本领事说："'时'过境迁，无能为力。"遂有人提出，我们都是张军团长的部下，犯什么罪过听他处理，请你离开。郭在无办法中问："怎么走法？"刘伟说抽调步兵两个团，边打边退，掩护总司令向西走，令魏益三由山海关派兵到沟帮子迎接。邹作华提出，优势敌人骑兵，占领白旗堡、绕阳河，已向新民迫近，柳河沟已发现敌人。边打边退，长途骑兵扰乱袭击，最为危险。不如轻车简从向南走，只要到达南满线上一个火车站，就得安

22

全。郭同意邹的意见。12 月 23 日，时天将亮，郭松龄、韩淑秀与林长民等乘 10 辆大车，在亲随 50 余人和步兵一个连的掩护下，潜行出走。途中与穆春师王永清旅的骑兵某部遭遇，郭松龄及妻韩淑秀被擒，身亡。12 月 25 日午后，郭松龄夫妇尸体运回沈阳。陈其尸体于沈阳小河沿（万泉河）的运动场。

郭出走后，陈再新向公署报告郭松龄偕妻韩淑秀南逃的消息。张作霖严令吴俊升派兵堵截。午间，我因事向张、韩军团长报告，张向我说，老郭叫王永清的骑兵捉住了。又张学良向刘鸣九说过，解送老郭叫他们路过兴隆店。刘问做什么，张答我把他放走。

### 5. 东军进入新民和善后处理

郭松龄出走的当天中午，腰高台子方面第五方面军团的李桂林旅，在攻击前进中经过郭军第一军刘振东的刘文清旅前线，没有遇到一兵一卒抵抗的情况下，进占新民。将郭军高级军官集中看管。午后 4 时许，张作相到达新民，在同盛源分别传讯被看管的郭军高级军官。同时，第三方面军团巨流河正面步兵第十二旅刘振东团，也进入新民县。这时郭军第一、二、三军大部停止战斗。只有大民屯方面的第四军霁云的栾云奎、刘维勇两旅，仍在猛烈激战中。

郭松龄出走的第二天上午，第六方面军团还在战斗中。张学良、韩麟春率军团部人员专车于 12 月 24 日上午开进新民。通令郭军各部队停止战斗，交出武器，暂归原郭军所属各旅长妥为保存，听候处理。

张学良到新民后，张作相即去沈阳报告。翌日午间，吴俊升也到新民。张学良迎接吴俊升时，吴看见郭军第四军栾云奎旅长便说：

23

"栾参谋（过去任吴的参谋）计划得好，打得也好。"意思是恨透他了，内心中我这次要你命。吴在同盛源与张学良、韩麟春会面后，也回了沈阳。

张、韩两军团长共同传讯邹作华、刘伟、刘振东、范浦江等人，都低头不语。在传讯刘伟时，张学良问："老郭的事，你能说不知道吗？"刘答："我知道的能比你多吗？"张说："你怎能干出这个不是人的事？"刘答："你把我放在不是人的地方。"韩麟春插嘴说："沛高（刘伟别号）是汉子。"

张、韩密商善后处理办法，由韩麟春回沈阳向张作霖请求批准。其中关于人员安置方面为：（1）随郭反奉的邹作华、刘伟、陈再新三人，仍官复旅长职务；（2）由郭调升的军长、旅长，一律免去军、旅长职务，听候另用；（3）在郭反奉期间所有晋级的官兵，一律退原级原职。

张作霖对张、韩两军团长的办法中，除对刘伟尚在盛怒之余不答应外，余均照办。经韩再三向张作霖陈词，留用郭军具有威望的一二人，用以安定军心，更重要的是关系全军今后的实力。刘伟官复旅长职务，始承张作霖点头，也是实践张作霖当日告将士书"罪在郭逆一人"的诺言。郭军一般高级军官说："沛高还给旅长当，我们最低是无罪了。"

## 三、附刘荫厚来信

刘荫厚在西（郭）军任第三十四旅第五十九团第三营营长。连山战斗时率部东归，任东（奉）军第十九旅第四十团营长。将其来信有所节删和文字修正，附于本文之后。

### 1. 东归动机和经过

12月3日早7时，我营奉命向连山以北高地敌人阵地攻击。右翼为本团第一营，左翼为第四十六团（团长富双英），但一望无人，联络不上。晚10时，我营攻占东军前进阵地，收容了我团第一营第二连的两个排，方知道该营营长胡春沛阵亡，各连自动后撤。第二营营长董道泉化装乘渔船逃往烟台，并探知第四十六团于今早7时投归东军。这时我营地方位是：左右3000米内没有友军，天明时东军进攻有全部被歼的危险，团长、军长（刘伟）手中无兵。团长命我固守阵地，待后续部队到达即急增援。

天明时，东军派来军使一人，约双方互不攻击，我立即应允。来人拿出找高纪毅和其他旅长、团长的纸条，我伪称派人去找（实际无处去找）。双方既不攻击，东军接连来人说："第四十六团投归东军；在天津被扣押的四位师长已由营口回到沈阳，奉大帅命令到前线收容队伍；你营的赵师长（恩臻）现在营盘车站。"这时我即决心东归。当即向赵师长写个报告说："我正在阵地上集合队伍，请师长派人来接。"不久，来人拿出赵师长盖名章的片子和第四十六团中校团附刘振东的召唤纸条。我即告知来人，就率本营和一营两个排投归，请转告师长。时各连长在营部（阵地后30米处半间土房）避风雪，都目睹我与对方联络经过，我考虑所有官兵是经过郭军长训练的，能否同意东归，实无把握。遂将排长也召集来，试探他们口气。我说："我们处在这种情况下，应当怎么办？"大家同声说："听营长命令。"我说："大家既听营长命令，我决心带你们到东军去，找师长，找军团长，这是师长送来的片子，代表他亲身来接我们。郭军长真成功时，你们只说当时听营长的命令，就可以无罪，至于杀头枪毙由我一人担当，有福则大家同享。"大家又说听营长的命令，即派某排长去东军接头。

不久，东军阵地上出现四五面白旗左右挥动，我即率领队伍前进，到达东军阵地时，附近的官兵跳出战壕，鼓掌欢迎，互道辛苦，然后被引到汤玉麟师第九旅指挥部，该旅李旅长指令到营盘车站乘车东去。到营盘车站看到赵师长，指示我营开往锦州。当晚9时到达，张军团长在车站欢迎，并说："我知道一接触，总会有人过来的。"

次日下午，东归的第四十六团和我营共3000余人，在锦州东大营听张军团长训话。在讲话之际，突由锦州车站开来短车一列，是张辅帅派人请张军团长速返锦州车站，并说郭在连山指挥炮兵打了2000多发炮弹，已将连山阵地突破。听张军团长训话的各部队主官也随该列车去锦州车站，我看见了富双英。张军团长去见辅帅，辅帅主张后撤。张军团长返回车站说："我们到哪儿下车？到沟帮子，到新民？"最后确定到兴隆店。

## 2. 张军团长对东归人员的表示

12月3日，张军团长在兴隆店集合排长以上军官训话。张说："为了保卫东北存亡，大家冒生命危险投奔我姓张的来了，我非常感动。大家知道，东三省精锐军队，均在西边（郭军）。但古今战斗胜败，不一定在兵精粮足，在于出师有名与无名。大家抱定宗旨，团结一致，我愿领你们抗拒到底。我倒看看是天理能战胜良心，还是

26

良心能战胜天理。大帅每天来十几次电话，叫我到大连去。昨天还派来火车一列来接（火车头上插着日本太阳旗——编者也看见这列火车停在兴隆店火车站）。可是，我不能抛弃大家，独自去找生活。如果有人认为，以兵力、武器两相比较，胜在西方，觉得可怕，那就请自动脱离，绝不阻拦。只要大家抱住团体，郭军长真的到了奉天，我领你们到吉、黑两省去拉山，看看郭军长怎样处理。我们东北只要有我张学良在，大家都有饭吃。"

此时，人心万分激动，表示永远追随。忽然有人高喊："东北万岁！""军团长万岁！"大家一致同声高呼。

# 关于郭松龄反奉倒张的经过纪实

高问樵

## 前　言

　　我壮年时曾任东北国民军第四军军法处处长。军长是霁云，很为郭松龄所倚重。郭与霁云不但同系满族，而且在东北讲武堂第一期，又同时在一处任教官。二人情投意合，又有亲戚关系。因之无话不说、无事不谈了。霁云通晓军事，长于文墨，成为郭之亲信与顾问。郭军内部虽也存在着严重的派别倾轧，但毫不牵涉于霁云。郭松龄反奉倒张开始，即派霁云为第四军军长。我与霁云即系亲属，情同手足，曾约我任军法处处长，协助工作。曾在行军途中，多次谈论有关郭松龄反奉倒张的一切事情。但因事隔多年，不免有的遗忘了。纵然就当日与霁云谈论的事情，回忆记述，也难于求全。唯恐在提供资料上，不起多大作用。因之，几年来一直未曾动笔。今市政协四届一次会议，对各界老年人士积极参加撰写史料又提出号召，谨将所闻所见及亲身参与的经历，尽其所能，一一记述，如有

28

供参考价值于万一，亦于愿足矣。

高问樵

1964 年 1 月 20 日

# 一、我就任东北国民军第四军军法处处长的经过

1925 年 11 月，我应津榆司令部军法处处长方希圣（号治中）之约，来天津军警联合稽查处任少校科员。未几，滦州起事，稽查处无形解散，我即滞留天津。同年同月，接到由京奉铁路局警务处转交给我的一封电报，系我姐丈霁云（号宇新）由昌黎县小丰台拍来的，召我为东北国民军第四军军法处中校处长，并促立即赴任。询知有郭松龄派来的专车在总站，次日开回。乃于次日搭乘此接饶汉祥、林长民的专用火车，上午 10 时由总站（新车站）开出。火车开动后，卫士连连长李某某在车上下令，全体卫兵做好战斗准备。车到东站时如果李景林的保安队要上车，必须制止，制止不了，开枪射击。令下后，全体持有手提式机枪的卫兵们，立即遵照命令做好了战斗部署。我见此形势，深悔不该搭乘此车，冒此无谓的危险，但又不能中途下车。果然车一进东站，满站台全是身穿黑制服的军队要上此车。当时被卫兵们骂住。保安队见乘车卫队武装整齐，戒备森严，唯恐吃亏，也未敢强上。双方僵持不下。经一时许的交涉，保安队撤退。不久，饶汉祥、林长民二人来到车上。车由东站开出后，我才放下了恐惧的心。

火车不停地东进，到昌黎时得知第四军已进驻山海关，我乃到

山海关下车。当由驻站参谋引我到军部（设在山海关天泰栈），晚间我才见到由绥中开完军事会议回来的霁云，谈到这次郭松龄反奉倒张的情况和邀我参加军法处工作的意图。

## 二、郭松龄反奉倒张的原因

军中闲暇无事时，常与霁云谈论郭松龄为什么带老张家军队打老张家，造成这一反奉的军事行动。记得霁云谈的情况是这样的：

### 1. 受革命浪潮的影响

郭松龄过去曾参加过同盟会，受过革命运动的影响。对于青岛惨案，郭松龄认为奉军是帮凶，实际是日本人的刽子手。上海惨案是青岛惨案的继续。上海惨案奉军也不能辞其咎，可能招致全国革命人一致对奉系军人之愤怒。郭松龄感到在五卅运动后，关内反奉情绪和运动日趋显著。奉系军政人员在内地横征暴敛，不守纪律，滥用私人，民众非常反感。郭松龄对这种现象颇为不满。一般人公认冯玉祥军赤化，但郭松龄认为冯玉祥是革命人物。因此，郭松龄与冯玉祥很接近，意气相投，双方遂有私自军事同盟之密约。郭松龄起事之后，冯玉祥资助郭松龄 20 万元钱，由鲁际清①在天津赶制棉军衣。誓师后，将军队改为东北国民军。口号是"不扰民，真爱民，誓死救国"。纪律是：敢拿民间一草一木者枪决；排中有三人敢犯纪律者，酌情处理排连长。

---

① 鲁穆庭，字际清。

## 2. 争权夺势

张作霖在民国十三年，有意令郭松龄做江苏督办。但因已进驻江苏的两个师，邢士廉及丁喜春，皆系杨（杨宇霆）系军队。夹批：当时驻江苏的东北军系邢士廉和蔡平本两师。至丁喜春是蔡平本的旅长。鲁穆庭①印五月十四日。郭松龄恐怕不能如意指挥，要求带自己嫡系的两个基本师去，杨宇霆总是别有用心地力阻。借口南方民众反对驻军，不能另带师旅。因此郭松龄不愿去。其次，郭松龄由奉天去天津时路过前所车站（山海关以东）时，霁云上车送他，谈起此事。霁云劝说："我们既然干了一回，为什么不做两天呢？不能多带兵，还不能带自己的那一师人吗？"郭松龄心动。乃变更办法，到天津后，遂命令他自己的基本军队第一团（原经霁云手创立之团）南下到达浦口。郭松龄以了解津浦路驻军布置情况为名，实则做督苏准备，并打算走到南京时，与陈调元取得联络。杨宇霆察觉后，看明了郭松龄的本意，于是对张作霖自荐地说："我不带一兵一卒去督苏（实际已驻在该地两个师）。凭我三寸舌，在六个月内，将长江流域说给我方（结果是被陈调元挤回东北，几乎当了俘虏）。"因此，在郭松龄考察到安徽蚌埠时，出乎意外的，奉天已发表了杨宇

---

① 鲁穆庭（1897—1967）字际清，辽宁大洼人。毕业于北京陆军军需学校。1921年后，任东三省陆军第二旅军需官，陆军第二十七师二等军需官，镇威一三联军军需处处长，镇威三四方面军团司令部军需处处长，东三省航空署经理处处长，东三省保安总司令部军需处处长，东三省官银号总办等职。九一八事变后，任华北财政整理委员会总务部主任，河北银行总办，河北省财政厅厅长，全国经济委员会委员，西北总司令部被服厂厂长等职。解放后，为民革成员。政协辽宁省委员会第一、第二、第三届常委。郭松龄反奉期间，任郭军总司令部军需处处长。

霆为江苏省督办。对此，郭松龄既不满又失望，立即终止了南下计划，由蚌埠回到天津。而杨宇霆被排挤逃回奉天后，又派给他打地盘，郭松龄极为不愿意。

### 3. 李景林促成

李景林督直不安于位，因张作霖父子总有意命郭松龄督直隶。李之督直，原非张之本意。在直奉战后，李景林是直隶人，主使直隶士绅到滦州车站，进见张作霖，要求直人治直。张作霖说："早日这些人没来时，为什么不要求直人治直呢？现在又他妈的要求这个来了。"拒不答应。因为当时早已应许了王承斌继续做直隶省省长，并允许在天津收容残部。李景林到达天津，反而将王承斌在天津近郊宜兴堡所收容的残部，完全缴了械。王承斌愤而出走大连。情势既成，张作霖不得已，只可迁就。当时郭松龄驻扎天津，随时有接替李景林的实力，因而李景林时感不安。为了巩固自己的地位，乃挑拨郭松龄与张家的关系。在张作霖，明面上已与国民军约定，奉军退到滦河以东，而又阴谋严令郭松龄暗袭北京。郭松龄对此，极其反对。李景林曾乘机拍着郭松龄的肩头说："茂宸（郭松龄号），你是个汉子，张家做事不丈夫。"并说，张家对郭种种不好的地方，极尽挑拨之能事。

郭松龄、李景林、张学良三人是结拜义兄弟，当时曾自号小桃园。而张学良曾与郭密谋，命郭松龄暗杀李景林，并取代其职位。郭松龄未表示同意。在话后，二人同往李景林督署，值李昼寝，张学良用纸捻戳弄李景林鼻眼以为戏，谈笑很亲密。郭松龄由是鄙视张学良之为人，曾向霁云说张氏阴险好杀，并历数其事。

在郭反奉之初，李景林极力怂恿早日前进，并应许资助一切军需物品及弹药。当郭松龄兵到锦州时，李景林已通电谴责郭陷自己不忠不孝，表示与郭为敌。郭松龄对此除组织第五军堵击外，又急电冯玉祥，促请其速为解决李景林军。冯玉祥使用了他从不轻用的主力军陆宗临①军，并力攻杀，很快解决了战斗，占领了天津，陆宗临②代替了李景林。夹批：李景林去后，督直者为孙岳（系西北军军长），而非鹿钟麟。原文谓陆宗临，人名和事实均非。鲁穆庭印五月十四日。

另据说，李景林对郭背叛的原因有两个：一个是在郭、李密商反奉时，曾根据退回滦河以东之议定，将热河地盘许给了李景林。郭军到绥中后，第一国民军冯玉祥部宋哲元率军进兵热河，驱逐了阚朝玺。李景林对此感到没台阶可下了。另一个是，张作霖曾与李景林通话说："你和郭松龄合谋干这种事，你还要你妈不要了（李母住在奉天）？"李接电话后，潸然泪下，答称一定报效大帅，反击老郭。以上两说，不知孰是孰非，均志之，以供参考。

### 4. 政见不合

直奉战后，郭松龄认为，奉军既已表示与国民军和好，同意撤军滦河以东，而又一再严令暗中出兵袭击北京，攻打冯玉祥，这种行动很不对。郭松龄并主张，退军山海关以东，双方遵守信义，停战不打。夹批：这段谈话，想是郭松龄反奉时的一时说法。因第一、第二次奉直战，无论进攻退守，冲锋陷阵，郭均为主要干将，一身

--------

①② 应为鹿钟麟。

系战斗胜负的关键，而平时的雄心也大。故无日不以扩张势力、夺取地盘为念也。此段说让出直隶，退往山海关外，真是欺人的假话。鲁穆庭 五月十四日。他的理由是，连年混战，民不聊生，钱法毛荒，经济破产，应该停战，进行裁兵加饷，开发兴安岭。三五年后，军精力足，一出兵即可统一关内。此时袭击北京，极为容易，因奉军驻扎形势已是在对北京包围，但守军必定退往南口，南口易守难攻，一被黏住，非短时期所能解决。彼时南方军队到达，则将腹背受敌，有全军覆没危险，于军大为不利。使张学良向其父张作霖建议，张作霖不听，反而责怪郭松龄违令。郭松龄托病住天津意国医院。奉天欲调回郭松龄，由军法会审加以处治，明正典刑，或派姜登选接收兵权，将郭松龄就地正法。

郭松龄之妻韩淑秀得知消息，化装由奉天坐三等车，奔来天津告信。奉天作出处治郭松龄的决定原是极端秘密的事，郭松龄之妻怎的知道呢？张作霖、杨宇霆的密论怎会传出来呢？因为在张作霖的卫士中，有郭松龄之妻韩淑秀预先安置进去专为探听消息的暗探。韩淑秀之所以能在张作霖近身安置下人，是因为韩淑秀与张作霖的宠妾五太太在女子师范读书时二人最好，又最亲近，通过五太太的推荐做到的。时间一久，张作霖也不记得谁谁的关系。韩淑秀告完了密，问郭松龄怎么办？事情明摆着，要干只有袭击北京，但业已违令，打了胜利也得受处分，否则只有出走。乃召来心腹刘伟、高纪毅二人密议。二人言说："好容易造成这样大势力，一走容易，再创则难。我们为何不自己干一下子？"韩淑秀也极力促请郭松龄率兵打回奉天，免得在别人手中早晚受害。除此之外，别无出路，乃决定倒戈。

### 5. 郭杨矛盾

奉天军阀集团中，原分老派和新派。老派多系胡匪出身，新派即留日学生及中国陆大毕业生。杨宇霆在奉天系留日派的首脑，其后见信于张作霖而当政，故老派人们在张作霖面前遇事不敢出主意。杨宇霆敢说，凡出谋划策多行得通，其实是假张氏威力的效果，因此老派多依附于杨宇霆。新派的陆大系以郭松龄为首，依附于张学良，而郭松龄见信于张学良。陆大系和留日系（士官系）之间的矛盾，最初产生于北洋军阀时期，曾派过留日学生出身的军人到陆大当教官。因留日学生均系日本士官学校毕业，此学校相当于中国保定军官学校，均三年毕业，所学仅简单军事知识。按程度陆大毕业生能给军官学校当教官，如今反而把同军官学校程度相等的士官生派到陆大当教官，因而学生反对，并把来人给轰出了学校。由是陆大系与士官系的矛盾越来越深。在奉天的具体表现，间接地形成了张氏父子的矛盾。

杨宇霆做军械局局长时，郭松龄当该局卫队长。由于势力倾轧，把郭挤走。郭到上海、广东，均不得志。最后由四川返回奉天，到督军署找旧熟人卫队营长。不料卫队营长早已换人，军队又已换成汤大虎的军队。守卫军队见此人大个头，戴毡帽，穿夏布大褂，着靴子，长相穿戴都特别。由是认为是革命党，送交北大营。此事恰被郭之旧友白子敬得知，立刻奔到女子师范找郭之未婚妻韩淑秀报信，并促韩淑秀找张作霖宠妾五太太营救。五太太受韩之托，立刻请假坐玻璃车驰回帅府，找张作霖。在张作霖给北大营打去电话时，正是郭松龄被绑缚刑场即将执刑的前一刻。郭因而获释。

其后，东北讲武堂第一期成立，郭松龄被聘为战术教官，霁云被聘为技击教官。开学典礼时，堂长张作霖莅临讲话，此时教官队头一个是大个子郭松龄。张作霖看到后说："郭松龄，在家乡不好好干，往外边跑，上海、广州、四川，那也不行吧！父母田园全在这，到外边谁能留你，好好干吧！你这回呀，是陶立清用全家性命保荐的你呀！"

张学良到讲武堂学习的目的，是为了收拢人才为己用。别人认为郭松龄头脑特别，但张学良认为他是人才。郭松龄被留日系教官排挤，愤而卷铺盖欲走，被张学良留住劝回。另外，由于霁云独能不畏五太太的权势，处理了其侄的不守纪律行为，又善于言谈，也大加赞赏。因之未几，即由上尉升为少校、卫队长。张学良为了发展做准备，先期派霁云到卫队旅组织军士连，为发展军队培训下级军官。

张学良毕业后，张作相识相，自己辞退卫队旅旅长，张学良由卫队团长升为旅长。张学良的原团长职位原拟派郭松龄，杨宇霆首倡反对而老派和之，遭到阻碍。张作相又力促令朱继先辞去卫队旅参谋长职务，将郭松龄派充参谋长。张学良自己兼团长，不另要人。实际由参谋长郭松龄代行团长职务。不独此，旅长的事也全由郭松龄一人包办。卫队旅的一切发展军事计划，张学良向其父说好后，一走公事（呈请批准文件），即被批驳。再找老将（张作霖），老将告以向杨宇霆疏通，而杨宇霆又扬言说，别看你们是父子，也得这些人批准才行。由此可见，不单是杨、郭之间有矛盾，实际形成了张与杨的矛盾（张学良与杨宇霆），是造成日后张学良枪毙杨宇霆的主要原因之一。

36

　　我曾问过霁云，郭松龄反奉是否在一时无路可走、铤而走险外，还有长远目标没有呢？记得霁云曾对我说：

　　从表面上看，为了赶走杨宇霆，举行兵谏，对人不对事。但从骨子里看，为了打倒独裁，实行民主，是对事不对人。茂宸向我表示，此举一定成功。军队到达奉天，老将蒙尘就无话可说了。倘老将硬挺，就仍尊他为首领，可是一切军事、政治、经济、交通等行政事情，不能老将一个人说了算，必须经过各有关部门首脑会议通过后，再以老将名义公布施行，并谈到事成之后，准备实行军民分治。我们军人专理军务，不干预政治。政治准备由林长民负责。至于长久以来和我们对立的杨宇霆、王永江、常荫槐等人，除了杨宇霆一人没有特别才能必须赶走外，余者王永江善理财，仍交其负责掌握全盘经济；常荫槐擅长交通，仍请他办理交通事业。总之，东三省人办理东三省事。凡有一技之长者，皆使之各尽所能，绝不让任何人埋没林下。我（郭自己）这个意见，汉卿也首肯。

## 三、当时的兵力

　　我与霁云系至亲，职务上虽属部下，但吃住一处，不分彼此，因之有暇就谈论郭松龄的军事。因而，得知总司令部已到绥中，前线在连山（锦西）西韩家沟，双方军队在战斗中。起事当时，郭松龄曾以津榆驻军总司令张学良、副总司令郭松龄二人的名义，下令召集津榆一代各驻军将领到滦州开会。实际参加的司令只郭司令一人。在滦州召开誓师大会时，解除了齐恩铭、裴振东、高维岳、穆春、阿宾英、赵恩臻等六个师长的职务。先派宋九龄，后因唯恐宋系老派，一去不回，乃改派别人，将此六人押送天津，交给了李景林。夹批：津榆驻军总司令张学良……的名义，查应为京榆驻军司令部，军长张学良、副军长郭松龄为是。解除了齐恩铭……等六个师长的职务，查滦州会议时，穆春师长并未参加。至阿宾英，想系陶宾英（陶经武）之误，但陶彼时亦未参加。该四师长的派送人并未改派。鲁穆庭印 五月十四日。

处理权悉听李景林之意，郭不过问。因之，李景林准许此六人由海道回奉天。因奉天没有军队，奉天派裴振东到半拉门召集胡匪编兵，被匪打死。姜登选偏在此时乘专车回奉天，路过滦州，在车站被郭军缴了姜登选卫队的械，又在张振鹭、彭振国二人勾搭阴谋下，激怒了郭松龄，枪毙了姜登选（详情已撰有专题）。总司令部以邹作华为参谋长，宋九龄为总指挥，成立一个陆军执法处，以方希圣为处长。王正廷未到以前，外交事宜由殷汝耕负责（殷即东北沦陷后，在通州成立冀东政权的大汉奸）。成立了四个军，第一军军长刘伟，第二军军长刘振东，第三军军长范浦江，第四军军长霁云。全部军队共52个步兵团，7万多人。邹作华原系炮兵司令，他系日本毕业生，不是嫡系——陆大系，有杨系（杨宇霆）色彩，但为了重用炮兵，乃抬高了他的地位，委以参谋长，借以掌握炮兵。宋九龄也因旧色彩最深，委以名义上的总指挥。邹、宋二位虽和郭同事多年，一切秘密，他们都不知道。

## 四、计划行动

郭松龄既信服霁云的才智，在决定起事之前，即打电话，以吃早饭为名，约霁云到郭的住处，并派自己的汽车去接。此时，霁云在驻津榆司令属下当旅长，带兵驻守军粮城。应郭松龄之约，到天津意国医院。他只是为吃早饭而来。到达后，郭松龄不在，只韩淑秀一人在屋，声称茂宸（郭号）洗澡去了，就会回来，请你等他。韩与霁云闲谈两个多小时，郭松龄才回来。霁云说："我问他，为什么这么早出去洗澡？"郭说："你脑筋真简单，病院什么没有，这里边就是浴室，谁到外边洗澡去。我去拜菩萨去了（指黎元洪，黎元洪外号人称菩萨）。"话后，他例外地从床下拿出一筒炮台烟卷（郭松龄从来不招待人吸烟的），又拿了个凳子，约我到浴室中去。

随他进去后，他把凳子及烟都给了我，他自己坐于浴池边上，一言不发，看定了我，双目泪流不止。我惊问其故，他哭够多时才说："打仗是在不可避免时干一下子，现在连年战争，拿打仗当过日子了，甚至拿打仗当吃饭了。一天不吃饭也不行，总想打仗。我们卖命打仗，可打出来让别人去坐去，战死白搭。不认得杨宇霆的人，连抚恤金都领不到，你看还能打吗？杨宇霆一意让我们再给他打地盘，我们不同意，杨宇霆已不能容我。"接着，他把韩淑秀得知奉天的秘密决定告诉了我，并说，我已无路可走。与汉卿（张学良号）计议，也无良策。我与刘（伟）、高（纪毅）等人已议定，只有打回奉天去把老将（张作霖）身旁的坏蛋一扫而光，才能自救。方才我去找黎元洪，是因为我邀文豪饶汉祥出山，饶说他身属黎总统，不能自专。黎元洪已应允，并荐举林长民帮我们办民政，王正廷办外交，我已决定这样办，你意怎样？霁云说，我是他的属下，又与茂宸交厚，只有表示拥护，因此回说："军人以服从命令为天职，我听候命令就是。"

39

起事之前，慎重鉴别与调换了军官中的异己者。除当时押送走的六个师长外，事先他问过我的手下军官中哪一个人不可靠。他认为五十三团团长孙昭印是裴振东师长的底柱，必须更换。至于换谁，他不用我管。结果将孙昭印调到总部当上校副官，王迺义升五十三团团长（王迺义系郭之嫡系），把我升为第四军军长。遗下的第四旅旅长（霁云原系旅长），我保荐了由十六旅被挤下来的栾云奎（是留日系）。因为高纪毅要十九旅旅长，所以把栾云奎给挤出来了。起事当时的军事计划是，做好了部署，秘密突然袭击奉天。预计时间是两天，首先派魏益三旅的两个团，出山海关，在万家屯占领阵地，拦截山海关敌军东窜。大队随后继进，缴驻山海关的敌二十七师、二十八师两师的械。眉批：山海关驻军不归津榆司令部管辖，因之说，两师的番号记不准确，仅以二十七、二十八两师番号代。

然后，所有军车一列列，神不知鬼不觉地开到奉天。出其不意，占领奉天，大功即可告成。而又兼所有奉军全在掌握，计划胜券稳操。为了慎重，行动之先，先派出一列车兵工队，出关之后，按重要站破坏通信设备（据说此车已到达皇姑屯）。

继工兵队东进的是魏益三部的十八团，开出山海关，已占领了万家屯。其后，军车到达万家屯，军士下车挖掘工事时，被山海关的敌二十七、二十八师的一阵突然袭击冲散。而在车站内到达的军车，到站不给牌，营长下车要牌（行车凭证），驻站部队问开往何处。营长答应不知道三字，一声枪响，营长当时毙命。随之机枪扫射，一车军队被解决于车站。后边军车未曾进站，即退回秦皇岛。夹批："据说此车已到达皇姑屯"，非事实也。因最先派出的军车，侯高纪毅旅第×营营长为杨德新。该营到山海关站时，即被第五方面

军发觉缴械。营长杨德新并未死。直至在陕西与八路军作战时，兵败自戕。鲁穆庭印　五月十四日

军事行动一开始就遭到失败，完全出乎意料。其原因是：当郭松龄下令扣押六个师长时，其中齐恩铭之子，原在郭松龄总部参谋处任校级参谋。郭松龄誓师后的行动计划，他都知道。他见其父被解除武装，押送天津，生死未卜，急其父难而不能救，又逢郭松龄反奉开始时，车站客运并未中断，他乃从滦州私自搭乘客车到山海关报密。他到山海关急问驻站军官，要求面见司令。当驻站军官告之他司令不在的消息后，齐大失所望，愁急地在站台上痛哭失声。在站军人见一个校级军官放声大哭，均觉惊异，因而问之，齐说只为见不着司令。驻军参谋说："司令不在，李副司令在。我领你去。"齐见到李副司令，将郭松龄反奉计划完全告知，李副司令不信，认为郭松龄绝不能倒戈。当齐说开出军车是到万家屯，占领阵地，为消灭二十七、二十八师；并又带同一起到姜女庙视察，情况属实。回关后，乃布置军队，在车站消灭了来军之后，集合了毫无纪律的全体军兵，奔向万家屯，一举冲散了郭军的十八团。而二十七、二十八师不敢回山海关，乃东退到韩家沟，构筑工事，进行防守。由是郭松龄暗袭奉天，两天成功的计划完全破产。夹批：齐恩铭之子齐家桢系京榆驻军司令部参谋。又第五方面军团长张作相的儿子张庭（廷）枢任京榆驻军的旅长。同时与齐家桢向张作相告密。鲁穆庭印　五月十四日

另据传说，郭松龄率军到秦皇岛时，张学良受张作霖的命令，以总司令的名义到前线来找郭松龄（何意不知）。因不通火车，乘兵船到秦皇岛，给郭松龄打电话，接电话的是高纪毅。张学良命他给

41

找郭松龄，他不给找，并回答说："现在司令哪有时间同你说话。"把电话给撂下了。张学良闹个没结果而回。

郭松龄在暗袭奉天计划失败后，乃大张旗鼓，率领军队前进绥中。后方总司令由第四军军长霁云负责，并由昌黎移驻山海关。具体任务是：由于天津李景林态度不明（因他曾欲缴迎接饶汉祥、林长民之车及卫兵械，故而怀疑），恐其尾随来犯，因之对西面做妥善的防御。如西方来军，则按敌对待。对西北方面来军，要辨明敌友（友系冯玉祥，敌系李景林），分别对待。在军事行动中，一切命令署名全是总司令张学良、郭松龄代的字样。待郭松龄回军袭击奉天，在滦州会议之前，张学良写在前。张学良甫由廊坊回奉天，郭松龄即到滦州开会。下令开会仍是张学良的名义，借以号召。

## 五、攻下连山

第四军的编制是两个乙种步兵旅（乙种旅是两个团），另外一个步兵团。当时东北国民军全部军队共52个步兵团，兵力不薄。由于郭松龄不重视骑兵，故都缺骑兵。但由于起事仓促，军用给养，完全缺少，也无供应的后方。每名士兵只有子弹400粒。前线军队在韩家沟作战，子弹不足，曾由后方第四军每人身上抽调200粒子弹，接济前方。可见弹药缺乏情况。

某日半夜，接到署名总司令张学良、郭松龄代的命令——连山攻下，大局已定，仰该军加入追击。

次日晨，第四军军部专车到达绥中。听说连山战役郭军可谓险胜。当时，虽有山海关送来一些枪弹，但仍不济事。由于天气严寒，拂晓攻击时，军队有人冻死在战壕里。幸有觉悟高的炮兵，作战最得力，另有一部分军队由那边沿海向东迂回，至敌军畏惧，又兼张作相军队已退，只剩下汲金纯率军防堵前线。我军闻知汲金纯军队，一致地说打吧（汲金纯人缘最不好）！又得迂回军队助力，因之在拂晓时一鼓作气，击败敌军，占领了敌阵地，解决了连山战役。如果敌军再坚持些时间，我军即需因弹尽而退。

事有凑巧。张作相军队退走时，为了阻止我军追击，把陈家屯附近的一座铁路桥给炸了，奉军弹药车开不回去，全部被俘，我军借此补足了弹药。只有炮弹因导火未在一处，放出去不炸。这一意外收获，全军尽皆欢喜。中午又传来消息，先头部队第十九旅（甲种旅三个团）旅长高纪毅已率军进入锦州。军车在绥中车站时（我本人所在的车），空军专车也在绥中，霁云与我都是锦州人，家属又都住在锦州，挂念家人心切，乃通过空军司令赵绍宗（郭松龄的表弟，霁云的姐丈），派出侦察机到锦州查看。据回报称，锦州东关两处大火，而我二人之家正住锦州东关，心中更为焦急。乃催军疾进。第二日在兴城过了一夜，第三日到达锦州。

# 六、当日锦州

奉军汲金纯兵败连山，逃到锦州。城门紧闭，不允败兵入城。城上警甲商团戒备森严，兵不得入。汲金纯亲到西门叫门，仍不开。经交涉找来警务所所长刘敬典，商谈结果，只许可汲金纯本人带几名随从，进城回家看望。其余仍留城外，绕城而过。他进城后，士绅跟到他家（现锦州城内东一街食品公司院内），汲宣布他的财产不能便宜郭鬼子（郭松龄外号），命令他的随从，将他所有的房屋（锦州东街北侧一带）浇上煤油焚毁。经士绅一再请求，结果给他凑了一些钱，他才不烧。随后携款上马出东门而去。他之出此，意在敲士绅的竹杠，弄点钱而已。他出城后，对他的败兵说："你们跟我一回，这是最后了，无论如何我在锦州城内住一回，看我面上不要动（实际败兵也打不进去）。至于城外，随便吧！"因之，士兵逐户地抢掠，并装车运走。东门外土城子以内的地方大来当（当铺）被烧，飞机所见到的大火，就是这些败兵给烧的。

郭松龄在锦州命令县长给筹备军饷，士绅及县长张德衡极力在地面民众及商界搜刮，规定按商二民一比例摊派。锦州士绅徐子聘向郭松龄建议出军用票，郭松龄当时说："你的办法很高明，但是基金由哪儿出呢？难道让姓郭的坑人吗？你给我拿基本金吧！"严厉地斥退了徐子聘。徐子聘与霁云原系至交。他托霁云向郭说情，理由是锦州无钱，难于筹措，不要催逼太急。霁云碍于情面，不得已乃见郭松龄说情。郭松龄说："我知道锦州富户很多，我们不是绑票，我不是向地方要钱。我们这是为国为民的行动，纪律严明。我要的是库存钱。已查明省库存钱，为什么不拿出来？他们不给不行。"稍停又说："这些劣绅，想借此机会，搜刮民财，从商民中筹款，趁机发财，这种行为太可恨。你（霁云）怎么还管这个呢！以后和这些劣绅少接近。"郭松龄拒不答应，还申斥了霁云。

此前，热河督军阚朝玺派来邱天培接洽投诚协作的事，被郭松龄独断地拒绝了（已另有文字写过）。实际上，阚朝玺（号子贞）的要求，要吉林、黑龙江地盘的事，单据这一点也不可能。原因是郭松龄早已把这些地盘许给他的将领了。别人的我不知道，许给霁云的是哈尔滨特区长官兼中东铁路局督办。

郭松龄兵驻锦州，胜利在望。据说，郭松龄曾召集教育界人员发表讲话，宣扬他到奉天后如何兴办学校、提高教育、开发资源、民富国强的办法，备受欢迎。所有随郭人员，都打着如意算盘，做着升官发财的美梦，直似大功告成，即将走马上任。

当时虽似等待第四军肃清北侧之阚朝玺、汤玉麟军队之后，对进军有利。但也实在是被胜利冲昏了头脑，没有采取积极行动，进军迟缓。当时，董鸣岐曾建议利用辎重车上所有能用的马，编成骑兵，疾驰奉天，可早成大功。但未被郭松龄采纳。

传说，山海关战争消息传到奉天后，张作霖等人不信。直到万家屯战役以后，才引起重大注意。据霁云说，张学良在滦州誓师前回的奉天，他对此举完全知道。他是劝阻不了，也不阻止，更不为告发。他因顾全与老将的父子关系，才于郭松龄举事前离开军前。曾与郭说："你一定要这样干了?"郭说："一定这么干了!"张说："那么我得回去。"郭说："好吧!"张学良由廊坊离开军队乘专车回到了奉天。夹批：张学良是由天津乘专车回奉天，不是从廊坊登车的。鲁穆庭　五月十四日

郭松龄随后到滦州开誓师大会。


## 七、进军义州


一日，霁云从锦州军车上见过郭松龄回来后，命令全军准备出发，目的地是义州（义县）。具体任务是解决阚朝玺及汤玉麟部队，肃清左翼，以便为继续东进创造条件，免受侧面威胁，规定到白旗

堡各军会师。

出发前，霁云曾对我说："我（霁云）到锦州见到郭松龄时，他（郭松龄）向我说：'你看，李景林来了电报，与我为敌，我已让魏益三去了，给他编了一个第五军，并且给焕章（冯玉祥号）去了电报，让他从速解决李景林，这不成问题。你去把义州解决了，以免受侧翼攻击。'今天才命令进军。"

第四军准备完了，当即命令第四旅旅长栾云奎率第四旅沿义州铁路东侧，第五旅旅长刘维勇沿铁路西侧，向北推进。军部率领步兵团沿铁路前进。当日晚到七里河子站宿营。

傍晚，我在副官处与上尉副官郎伟侯（霁云至戚，我的总角友）闲谈，此时有一随从进来报告，今天内外口令不一样，哪个对呢？当时一查，果然有错，错在郎伟侯身上，因他管口令。军队出发时，总部一次发下来半个月的口令。出锦州后，军事紧急，总部又统一发了一份口令，是十天的。而军部换了新口令的第一天，形成了分歧。幸亏发现得早，否则晚上必定闹成误会。当时，郎伟侯怨恨上士不止。我很反对。我说这是你自己的责任，郎不承认。我说，如果不承认，我报告军长，追究责任者。按军法，自己有错，不承认不行。他见我认了真，他也认了错。我又给他出主意，将军部这一小范围的口令改成旧的当天的口令，以求内外一致，避免自家冲突。第二日，先头部队栾云奎旅首先进驻义州，缴了邱天培军的械。其余阚、汤的军队早已先后东窜。

在从锦州出发时，郭松龄通知我们到义州提取国库，充实军需。但义州县长齐子敬和我一个朋友最好。我想要钱是个难事，又有锦州之鉴。如果一逼县长，我的朋友日后一定不会答应我。为此，乃找到霁云向他说，我们军人单管军事就对了，钱的事最好咱们不管，不必找这份麻烦，以免将来出问题。我们最好不管这份事。恰巧此时接到司令部命令——向东搜索前进，限某日到达白旗堡会师候命。署名是郭松龄。从这次后，就不再用张学良的字样了。这是和以前不同的一个地方。时间紧迫，要钱的事又不能太急，在时间上等不得。霁云听从了我的意见，不向县长要款，下令出发。消息传来，奉天派张学良到兴隆店督军，堵击郭松龄。因之，郭松龄下命令不得不取消了总司令张学良的字样。

我们从热河出发后，冯玉祥派其占领热河的宋哲元部开到义州，意在帮助郭松龄。而郭松龄下令派出火车将此军接来锦州，但未使下车，一直送过兴城、山海关，强力送返。怕引狼入室。

在义州军队已经行动，军部当时停在车站，正待出发，突然有人报告，离所在地北三里许的五里屯，发现了敌军一个团。听到这一报告，全体人员都大惊。因为军部只有一连人守卫，如何敌得了一个团？因之，马上变更命令，由中校参谋黄显声负责把军队追回，并包围敌军阵地。正在准备开始攻击，由屯中出来两个兵，一叫口令，还是自家人。结果弄明，原来是自己的步兵独立团。由于少将殷参谋长这个书呆子太废弛，自己军队驻扎什么地方他都不知道。幸而未犯七里河子口令的错误，否则不堪设想矣。

霁云以下军部人员一致愤怒，把霁云气得团团转。我代为出谋，更换参谋长。在未换以前，所有参谋处一切事宜由警钟负责（警钟即黄显声的号，也就是《红岩》书上的黄将军）。霁云同意。同时，报到总部请求撤换参谋长。其后总司令部派董鸣岐接任第四军参谋长职务，董在白旗堡等候军队，未来。从上述情况可以想见当时军

47

队内部情况之乱。

## 八、向白旗堡前进

五里屯军情判明后，全军从义州开拔，沿北边墙清河门一带奔向白旗堡。边墙以里的是第四旅，墙以外的是第五旅。军部人员除军长参谋及随从副官有马骑坐外，其余各处人员都坐行李车（辎重车）前进。此时在大雪之后，天冷地滑，行动颇慢。第四旅前进到北镇、义县交界处的三台子时，发现汤大虎的骑兵队保护着百多辆大车，正在三台子道上艰难地东逃。因该山地坡陡路窄，只容一辆车通行，还得把车轮定住往下滑，否则不能下。旅长栾云奎走在前边。发现这种情况后，急调该旅所属五十三团上前攻击。王逎义团长托故不上，前后四道命令，始终未上。王逎义以前面有骑兵，战士未吃饭，今日天晚、明日拂晓上等为借口，拖延了时间。结果炮兵赶到，放了几炮，打下六辆大车。如果当时五十三团听令调上去，四十五团已在前面，两下一打，足能消灭骑兵旅，并且将全俘百多辆大车及物资。

王逎义敢于这样违抗命令，是因为依仗他们陆大系是郭的嫡系，自己没当上旅长很不高兴，曾问过霁云，为什么不让他当旅长，很不高兴。栾云奎当上旅长，他怀恨在心。此次故意不上，诚心拆栾云奎的台。此事在军队到达白旗堡时，栾云奎见我，报告了三台子作战王逎义违令详情。栾气愤至极，向军法处提出，问我如何办理。具体理由是违抗命令，不听调遣，贻误军机，放敌逃跑。此时，军长去郭松龄处未回，我让他报告军长，我与军长研究处理。我见到霁云后，提出王遁义的情况严重，应立即按军法执刑。霁云未语，停了一会说："问樵啊，你不明情况，现在咱们都是外人，陆大系是主人，是嫡系。王遁义是陆大系，杀了他，得罪了整个陆大系，往后我们没法再办事了。更兼栾云奎在十九旅是我力保，才把他调来的。这么办吧！就认为旅团长不和，把王遁义调一调旅吧！五旅长是陆大系，调给他吧！"

在白旗堡出发后，下了这个调令。但五旅长不接受这个调令，同时上了报告——该团长已贻误四旅，岂容再误全局。至此，霁云也没有办法了。经研究，由我找来刘维勇，在军长面前，公开研究此事。记得我当时首先问他，王团长调给你们团，为什么不要？他说，王遁义违抗命令。我回问他，他是团长，不执行命令不对。你是旅长，怎么也带头不执行军部命令呢？刘旅长语塞。我又劝说，军长这样办，确有苦衷，同时也是爱护部下的一番心意。你如果再不体谅军长心意，坚持不要，岂不促成必须执法，又有什么好处呢？刘旅长仍不同意地说，他如果再抗令，岂不贻误全局？最后，我应许他说，如果王遁义再次违令不前，允许你在阵前把他枪决了，这算代替军法处执刑。军长也认为这样可以，刘旅长才勉强答应了。由是可见，当时在大小范围内，都存在着严重的派别倾轧。这对军事行动，有极大的坏影响。

在未到白旗堡的行军途中，时值隆冬，天寒地冻，朔风凛冽，刺骨生寒，徒步劳累，又无坐骑，乃围棉被，坐于辎重车上。在过三台子时，道路陡滑，又凹凸不平，翻车受伤者颇多。我所坐的车的老板，早晨因行动迟缓，押车军士说他不服，二人发生口角，被我吓住。车出发后，他就怀抱大鞭，闷坐车前，任凭牲畜自行行走。

车走险段，其他车有的绕走，有的下车吆喝着寻好处走，他则端坐不动。行到大辙沟，我眼见将要发生危险，虽然喊车夫注意，已是不及。希图掀开棉被跳下去，而棉被又被我的传令兵压于身下动不了。立刻车打跟斗，马腹朝天，车轮向上，把我压于辕马臀后车下。卫兵甩出很远，只车夫未伤。诸人救起卫兵后，寻我不见。经我呼喊，才发现了我。将我扶出，左腿已伤，站立不住，略一伸屈，痛彻心脾，急痛得热泪交流。经兵士搀扶，试走很长时间，才能活动。

乃换乘民夫车，又遇该车车轮铁瓦掉了一块，车一行动，震动颇大，带累伤腿发痛。车夫要由民间换一个车轮，我不允许，因为这是纪律所不允许的。但在某一夜间，宿于一地主家，恰遇院中有一对轿车车轮，我允许车夫换上了这一对好的。实际当时虽有命令，军队仍不免多占老百姓的东西。军士向老百姓换鞋，亦默然允许。

在行经北镇、黑山交界附近时，军队中有的是当地人，有开小差溜跑的。某日军队人员到一店家宿营，军长见炕上睡着四名兵士，认为开了小差。霁云一见大怒，问店家，他们对你有什么无理要求吗？店家说，要猪肉白面，我们没有，他们在这等着呢。霁云当时命令卫兵把四人绑了。待我坐车到达后，严令我次日一早在村头把他们正法。他的理由是，我们军中当地人多，近来兵士多有抢点东西，逃跑回家的。如不枪毙几个，怕不都跑光了。我问，他们准是逃兵吗？霁云说，谁管他们是不是，怨他们倒霉，一定要把他们枪毙。我赌气地说，你要枪毙就直接交给副官处。如果交给军法处，就得按照军法办理。他说，你问一问也行，不论怎么样，也一定要枪毙示众。当时在场的人很多，我不便再说，命卫兵把四个人送到军法处驻地。

此时军法处的几个人，除我之外，都是临榆警察厅司法科的人。我向他们说了军长的意图后，让少校军法官马某某问一问。马说："请处长问吧！"我一听这里有文章呀！他们是否看我外行，要看我的笑话，这是在考我哪！一股自尊心涌上心头，乃回说："好吧！我可是外行，你们听着点，可别看我笑话。"

卫兵把四个兵送来时，我见他们都是年轻力壮的小伙子，我存心救他们。但我得想个办法开脱他们。于是，我想到首先必须把原告压服，使他在军长面前不再乱讲才行。否则他一顶堂，我就没有办法救他们了。何况军长又在存心杀他们示众呢！因之，我先找来店家，向他说："我问你话可不同军长，我这是执法的地方，你可不许随便乱说。你们开店的没有一个好东西。车船店脚牙，无罪该杀。你今天说话马上是几条人命的事，你必须说实在的。有半点虚假，我枪毙了你。"就这样先把他给镇住了。以后我说，你说，四个兵向你要什么了？他说，要肉、面。问，还有什么不法情形？答，他们又翻我屋中的捧盒来着。我说，捧盒大不了装吃的，当兵的吃点东西，算得了什么。他们也没有拿你什么东西，你胡说乱说，几乎要了他们的命。还有什么不法行为吗？答说，没有了。我命令他回去，并说以后还有旁的话向军长乱说，我可不答应。就这样，有问无答的，把店家问完了。随后把四个兵带来，简单一问，也就算完。但把他们吓坏了。

当晚到军部，军长已经睡下，乃退回。次日刚吹起床号，我又去找雾云。进到屋中，他还没有起来呢。他见我拐着腿，关切地问我伤腿是否见好。起身后抽烟闲谈（我腿负伤后，是军医处无药，无法，只得抽烟止痛），又提起四个兵来，他仍让我在军队出发之前，在村头枪毙以示众。此时屋中只我二人，我说："他们（四个兵）与你有什么仇？四个人都是好兵，从义州出发后，他们有的是上士，有的是传令兵，他们完成了任务在赶队伍。你再抓倒霉的把他们当逃兵给枪毙了，他们可有多冤。这样抓倒霉的，也不对头呀！不应该在他们身上出气，应该把责任放在当官的身上，当官的若是管得紧一些，出发时随时清点人数，谁想跑也困难，因此应该惩罚他们当官的。只要当官的注意，就会免除开小差及掉队的。你今天毙四个，就是四十个也不顶事。当官的仍不注意，结果跑的还是跑。"霁云一听，也感到有理，答应由我主张着办理。我当时提出，把他们押送回本队去，所在连连长记过，排长除级留职，并通令全军晓谕。霁云同意。

我回来后，向处中人说了不处罚兵，处罚他们连排长的道理及办法，并说这本来是你们的责任，问是我问了，你们拟个堂谕代判词的通令吧！由承办法官执笔，大家动手，费了很大的劲，写了个乱七八糟，连个程序都弄不通。我为了出气，把他们损了一大顿。没办法，由我亲自下的通令。

在旧社会军队中对士兵从不教育，遇到事或心不顺，以镇杀手段，儿戏人命。执法者再不执行正义，人死更易矣。但是，过去执法者也唯有遵照命令执行而已。他一方面不了解实际情况；另一方面，即使问明情况也不敢依实上报，反驳长官意见，只有唯命是从，人命又哪值一文钱？而采用人又不问能力，单凭门路及轻信编造的假履历。如承办法官，他说是北京法专毕业。这个学院是很有名的。如果真实，何致连个堂谕代判词的通令都不会写，而一开头竟写了一个夫字。至今想起当时情况，尤不禁发笑。彼时情况他们不是考我，而是不会问，不敢问，专等我这个军长至戚。我倒错会了意，毫没领情，反而闹了他们一大顿。

行军到胡家窝铺，宿孙举人（孙鸿酉）家。总部派人送来通知，指责行动太慢。军长连夜前往白旗堡报到。孙系当地有名人物，他藏书很多，但大部被奉天败兵抢走。军长很尊敬他，送给他一些军用米面。次日，军部全体到达白旗堡。栾云奎在此地报告的王逎义违抗命令事。

总司令部及四个军长都率兵在白旗堡。但军队情况乱七八糟，时闻枪响，不是我想象的纪律严明、毫不紊乱的局面。真是人多滥竽，势力倾轧，钩心斗角，尔虞我诈。带兵官严重自私，专横独裁，滥用私人，多不称职。如我军副官处的紊乱闹得七里河子口令分歧。参谋处处长废料无能，几乎自己打自己。三台子高级将领不听命令，军法处的人不称职。殷参谋长、王逎义团长，仰仗陆大嫡系只为升官发财，不为事业用心。军队情况混乱，不止一军如此，各军皆然。又兼伤腿疼痛，乃提出欲回锦州。霁云极力劝阻，让我帮他到底，并一再地说，此举为国为民，绝不应半途而废。自己迫于情面和亲戚情分，乃未成行。第二天，总司令部命令一二两军沿铁路南北两侧向东推进，第三军为总预备军驻在白旗堡街。总司令部驻在白旗堡车站军车上，第四军迂回兴隆店，共取奉天。

## 九、第四军的最后任务

第四军军长霁云领来的任务是，由辽中县界迂回兴隆店，直叩奉天，并给第四军增加了一个几乎全体炮兵的炮兵旅，旅长王某某。

夹批：炮兵旅长想系王和华。鲁穆庭印　五月十四日

第四军素有战斗力强之名，又添此旅，如虎添翼，殆为首先进入奉天准备条件。

行军以来，都在大雪之后，天寒地冻。长途行军，疲惫至极，又得不到休息，下级官兵们中间有这种说法："吃老张家，打老张家，大官争地盘，小兵卖命，自己打自己，纯粹要丘八的命。"军无斗志，怨气很深。我也感到情况混乱，能否成功，没有信心。同时想到，作战双方必须有仇恨心理，不然军心分散，结果必败。而现实的情况是，双方无仇，自己打自己，军有怨气。又想到听说冯玉祥在作战之前，总是先给士兵讲话，使之仇恨敌人，因之每战多胜。

针对这种情况，我向霁云建议，召集下级军官训话。霁云极表赞成。但行军途中，不能这样办，因之改为书面（传单）讲话。由霁云亲自动笔，发到全军。内容已记不全，但主要的是，辩明老张家与士兵谁在吃谁。吃的军粮，拿的军饷，是我们自己的，不是吃拿老张家的道理。我们随他出生入死，死后连抚恤金都拿不到。此次反奉，不是给谁争地盘，是为了我们自己的权利，是为了打倒独裁反内战，为国为民清君侧。打倒贪赃枉法、祸国殃民的军事独裁者，并历数了张氏宗族党羽的罪状，鼓舞士兵努力战斗，赢得胜利，享受太平，用战争消灭今后的战争，等等。此传单发出后，确实使军队士气大振，斗志很高，在以后正面军队失败后，霁云所率之军，还多打了两天，才在势孤力穷的情况下停止战斗。但此传单以后给霁云精神上增加不少负担。

行军以来，一直是按作战计划地图前进的。第三天，右翼栾云奎派人报告，发现200余名骑兵，由辽中方面向西迁回而去。我当

时提议给兴五（栾云奎号）一个命令，让他派点队伍，回手把他抄了，以免闹出事来。霁云不同意地说："用不着我们管，总部不会不知道，又兼只是200多骑兵，白旗堡有一个团守卫，又有一个军的预备队，怕他什么。我们执行自己的任务，不必多管闲事。"结果这200多名骑兵，到了白旗堡成了大祸。原来他们到达后恰在夜间，实行威力搜索，一直打到车站，毫无遇到抵抗，车站被袭，郭军立刻乱了套。因为他们夜间外边没有岗哨，都到屋中睡觉去了。所以官兵从梦中惊醒，不知来了多少兵，惊慌失措，顿时大乱，又被敌军进入车站时把军火车给点着了。虽然敌军很快退去，但军火车顿时弹药爆炸，造成大火。郭松龄军车急忙避入新民，损失颇巨。我们闻信后，因为这是济源地被毁，担心军心不稳，乃严禁宣传，只是说总部已进驻新民县。

我们第四军前进到小金沙滩，准备宿营。霁云坚决反对，命令军队继续前进。未几，遭到少数敌军阻击，立即投入战斗，很快打退敌军。是夜，到小马场宿营。住下后，我问霁云为何不在小金沙滩宿营，霁云不答，而反问我，我本姓是啥，我说你姓杨啊！他说，你可记得金沙滩系杨家战败之地，主将最怕犯地名，我怎能在小金沙滩住呢？原来只是为此，累得全军过了预定计划宿营。这一仗还阵亡了一个连长。

次日上午，过平安渡口进入大民屯。在大民屯稍事休息，吃完饭后，又下令前进。下一站指定的（预定的）宿营地点是东西兰乾泡一代，相距20多里地。自出发以来，一直是胜利前进，途中无人敢挡。驻地虽总是敌占地点，但到时总是按时占领进入宿营的。今天军部预料宿营地点是兰乾泡，军部大车——辎重车，有100多辆，一出发即向兰乾泡方向行进。我因腿痛，坐在最后一辆车上。出大民屯不远，见到前方炮兵放列。同时，往东一看，军队一堵墙般，往北横队前进。我很感奇怪。炮兵总是在步兵后面，掩护步兵前进。今天的情况是特殊的。不但炮兵在前，步兵在后，而且步兵尚未占领敌阵地，辎重车倒先开向敌占地。横队左翼距车最近，喊来一个兵一问，是第四旅的步兵，正是今天最前面的军队。我立刻独断地下命令，大车停止前进，一辆辆往前传，就地不动。命令传出后，行车司令蔺长发跑来问我。我说现在情况不对，大车再前进，必被俘虏。当将情况说明后，让他找军长报告，请示行动。他立刻骑马奔去。不一刻，回来说，军长同意你的办法，退回大民屯去。如是，我又下命令，所有大车就地向后转，头变尾，尾变头，按次序行进，不准抢先夺路，违令者就地枪决。就这样，大车顺利地回到大民屯。此时，又看到前方雪尘很高，滚滚而来，有人说军队败下来了。经侦察判明，是小行李车（送子弹的）见大队的车往回走退，也往回来，走得太紧形成的。

午后，我在军部门外，身穿便服，带着手枪，和徒手军装的副官长闲谈。军部的一连卫兵驻在大民屯东口，突然西口来人报告，发现一营敌骑兵奔此地而来。卫兵连在村东，呼唤不及，正无办法，见军长的两个随从，提着手提机枪在听我们谈话，我临时冒险地命令他们二人，到西口去堵击敌骑兵，并说，我马上派人接应。一回头，又见到军长另一随从恩惠卿，当即命令他也到西口支援。恩走后，尚未找到人到村东口召卫兵连。恩惠卿跑回来说，敌人已被缴械，请派人协助。乃临时又命令军部门岗四个人到西口协助缴械。据恩惠卿说，先去的两个人刚到西口，敌骑兵已临近。他们利用小土墙隐住身子，敌骑不知屯中有多少军队，营长带头纵马往屯中奔来，一进村口，被两个随从拉动枪栓一喊吓，把走在前面的给吓住了，当场把枪扔在地上。后边一看不好，掉回头跑了。共缴了十几个人的枪马，内中有一个营长，姓王，系从保定军官学校毕业的学生。

在我把随从卫兵门岗派走后，门前已经无人。我与副官长二人当了临时门卫。此时，又由东边短墙后折过来一个骑马的军官，带一个兵，官的手中提着短枪，脖子上系着蓝手巾，喊着说："谁是带兵的？为什么自己人打自己人？"到跟前副官长一问他，他一报军队番号，正是敌人。副官长蹿上去，一把抓住敌人拿枪的手，我在同时举起了没装子弹扣着机头的手枪，喊他缴枪，把他蒙住了，乖乖地把枪交给了徒手的副官长。另一名兵也同时当了俘虏。敌骑兵营长被带到后，见我们一共只几个人，火可大了。但已缴械了，毫无办法。

事情刚消停下来，外面又报进来，左翼第五旅战况不利，旅长被俘——旅长即刘维勇。军部在大民屯立脚不住，南退约三里到朱家房身。退走时，多亏了敌骑兵送来的马。军部人员差不多都骑上了马，除将敌骑兵营长带走外，其余俘虏没人管理。我们走后，他们也骑了拉车的牲畜逃去。到朱家房身后，弄明情况，第五旅旅长这次被俘，又是因为王遁义。王遁义团被派在常山子一带战斗。他别出心裁地自动地把队伍退下来了，以致中间出了空隙，敌人骑兵虽无多大战斗能力，但他专事各处窜扰，从空隙中窜到我军后方。遇到刘旅长，刘旅长被俘。军队毫无损伤。刘旅长被俘，军长霁云派参谋长董鸣岐担任旅长。而刘旅长被敌俘虏后，未走多远，又遇到我方军队，一阵射击，把敌骑兵打跑，无意中救了刘旅长。军部一致决定，调王遹义来军部，执行枪决，并准备派该团佟营长代行五十三团团长职务。命令下去后，王遹义未遵令归来，又把军队带上了前线。他这一退一上，致该团伤亡很大，受到敌人炮火严重杀伤，在军事行动上拖延了两天时间。否则，兴隆店早已攻下，奉天属谁真不可预料呢。

当晚，接到去总司令部送报告回来的上士带回来的郭松龄的亲手命令说：如战况不利，仰该军向梁家窝铺一带引退。军长霁云看完命令，很觉奇怪，乃向我说："我们的报告是报告我们按作战计划图胜利前进的，一步不差，何以有此命令呢？"叫来去人，当面详细地问他新民情况。他说，他来到新民，在半路遇到的郭司令，交了报告，总司令随手写的命令，命我转达，并说太太（韩淑秀）也在大车上。

暗中，我对霁云说，情况不明啊！我们应以视察为名，备上马到前线，由左向右视察，到最右方。把马嚼环一提，就到了日本站（奉天车站），何必在这担危险呢！跑吧！霁云说，革命人几个人都能成其大事，难道我们7万多人那么容易瓦解吗？我说，那么老郭为什么带着太太坐大车走呢？这既不是督师，又不像是视察，咱们也应做准备。我建议给张学良写一封信，请示（听说张学良在兴隆店前线）。霁云同意。写完后，派黄显声去送信。以后得知，黄显声并未送信，他到日本站避难去了。

军事情况时见紧张，而黄显声又久等不回。结果决定，把军需处处长关仁趾找来，问知军中现钱及大洋票存款情况，命他把票子全部送到军长处。他回去后，送来5万元天津票，10万元奉大洋票。

关仁趾退出后，霁云给了我 1000 元天津票，说："明日逃难，带点钱吧！"我俩将钱掩藏在屋中柜后秘密处。霁云漫不经心地说，总司令（郭松龄）曾对我说，他把老将在天津借赌钱为名送给他的钱汇往上海，存上了，准备万一事不成功，跑到上海也有钱用，他真算计个周到。霁云一提，我也想起，他曾对我说过："直奉战后，张作霖在天津时，张学良曾对张作霖说：'此次出力的都当了督军，郭松龄可能心中不满！'张作霖说：'当官的目的为什么，还不是为赚钱？我们给他。'"因在天津奉军军衣庄推牌九，最初张作霖推绅商将官们押，郭松龄下注很少。虽然张学良授意郭多下，也仅只千元左右筹码。以后，张作霖让郭松龄代推，一场赌局结束，庄家所得近 50 万元收入，悉数归了郭松龄。过去只闻赌后给钱之说，不知汇存上海为退身作打算之说。

次日，发觉到处有小股骑兵，朱家房身的军队很少。向霁云说："此处军少，咱们别让人家（敌军）给捡蛋捡去（路过抓俘虏谓之捡蛋），最好到大部队一处去。"他同意，乃带同随从去大民屯。我因腿受伤，上马时虽由卫兵扶持，仍然很慢，最后一个出的大门。其他处人员问我上哪去，我回说督战去，问："我们呢？"我说："你们随便。"到大民屯后，有一股骑兵尾追而来。我们到达旅部，临时派出四架机枪把敌兵击退。这时，五旅的何立中团长来到，他原系大民屯人。他说："军长还在这呢，前线已经哗啦了。军长如能过了河，还能逃得出去。我腿负伤，找地方背风去了。"就这样随随便便地走了。此时，谁还管得了什么纪律、礼貌问题。

大家立刻带同随从，出大民屯西北角，意在奔向去新民的渡口过河。将一出屯，看到由东北向西南数里地长的炮兵部队，往西退去。我们从炮队当中穿向西北。我仍是走在最后面。远望去新民的渡口方向，尘土很高，这是骑兵征候，也就是敌人。乃喊住走在前面的霁云，告以所见。随又转向西南，奔向平安渡口。到达平安堡后，听到该处枪响很紧，因之知该渡口也有情况。不敢去，准备夜间闯渡。

进入平安堡，见到我军退于此处者很多。进一屋中，正遇栾云奎，乃组织军队在平安堡抵抗，预备夜间逃走。顷刻，枪声大作。有人报告，敌骑兵追来，双方互射，已被包围。此时，军长在北炕上抽烟，栾与我在南炕上抽烟。栾向我说："走不出去了，估计内里这圈都是熟人，外边大圈都是吉黑军队。在内圈遇上，不致吃眼前亏。要到外圈，就不堪设想了。我敢保证军长性命，劝军长不必走了。"他虽向我说，其实是说给霁云听。我说："军长早有此心，但不敢露。不必我说，你说一下吧。"栾云奎立刻放下烟、枪下地后，毕恭毕敬地打一立正说："请军长决心吧！"霁云说："好吧！叫号停战。派出人去，让他们最高级军官只身进来，我有话说。"同时，他对我说："问樵，我一说不走，不一定谁就给我一枪，你替我多加防备。因为都是老郭家的人，我因公因私都是义不容辞。"乃带几名随从副官及卫兵，告知他们无论敌我，进屋必须把枪放在外边，严加警惕，保护军长安全。

此时，派出去的人将敌军营长带了进来。他很客气，与霁云谈话，始终是立正姿势。问他是哪一团？答骑兵团。问团长是张少峰吧？答是。问哪旅？答六旅。问旅长是武汉清吧？答是。张、武二人都是霁云在讲武堂的学生。问军长是谁？答骑兵第八军军长张九卿。霁说，我们不走了，你带军队不准入屯，维持现状。我派阚副官，你派一个人，一同去，叫你们团长来。敌营长一一答应。天黑后，阚副官一去没信，又召来敌营长相问，他亦不知道。他说，他只知道，他们团长驻在大民屯。霁说，他不来，我去。你们带路，我们一同到大民屯。途中遇到阚副官。据说，已见到张团长。张团长说，对军长（霁云）意图不清楚。如不走了好办，如想走出去，见了面事后他担当不起。因此，约定在某处独立庙后会面。如果想去，他们指明路线。如不走，就一同回来。我们一同到大民屯后，夜11点，张少峰才回来，见了面，很亲热地说："我们这是一场大演习。"霁云告诉他说："我们不动了，听信，应如何办，你们办吧。"

隔一日，据说张九卿打了第四军投回来的报告，虽武汉清不同意，认为泯灭他的战功，但张九卿仍按自己的意图报上去了。第二日早，接到总指挥吴督军兴权（吴俊升）的命令：某电悉，仰将该军校官以上一律就地正法。张九卿只把电报给我们看了，没有执行，并表示说，我们不是吴兴权的直属军队，他虽是总指挥，这样的命令，我们可以不接受。乃又复电说，全军并非被俘，而是投回来的。并且，总司令（张作霖）还有某电说，某通电罪止郭逆一人，其余俱不问，仰各照旧安心供职。因之不能按令执行处理。此乃午前事。

傍晚时候，吴兴权亲自到了大民屯。这一消息吓坏了我们大家，怕他要人枪毙。因之霁云暗自躲了，一夜下落不明，颇为担心。次日得知，原来他在武汉清住处里屋盖了被，待了一夜。他们并约定，如果吴兴权一找霁云，他们骑马就走，即说张学良已把他们找去。次日吴走后，大家才放心。吴兴权只是到此过夜，什么事也没有。早饭时，霁云回来要大衣。他的肩牌又改成旅长军衔了。我心想换得可真快。原来接到张学良命令，让霁云、栾云奎、董鸣岐、刘维勇到新民屯，由张九卿、荒木（日本人，张学良的顾问）押送。

## 十、倒张未成与郭松龄被捕的实际情况

第四军的四名将领在新民屯见到张学良，都述说不得已的苦衷。学良说，过去的事，全不要提了。全神专注地向霁云说："老霁，你这回很出力呀！"霁云回说："啊！干就得像个干的，不干就不干。我在西军这样（指在郭松龄手下），如果在东军也这样。军人嘛，就是以服从命令为天职。"张学良连说："好，好！"稍停，又接着问："你的军队是否完整？"霁云说："来时完整，近两日情况不明。"张学良说："你即刻回去给我收拢军队。"霁云说："四旅有四旅旅长，五旅有五旅旅长，我没有回去的必要。"张学良说："我让你回去，保全全部实力，难道说，你对我的事就不管了吗？我已告诉武汉清，对你的军队，一点不许动，不许拆散，要保持完整。你回去收拢，两旅旅长随你一同去。"至此，霁云无话可说，自己又心念私藏之钱，乃回到大民屯。

武汉清对于这场战争，认为自己出力最大。迫降了第四军，可谓奇功一件。接触中证实，第四军作战能力甚强，收为己用，可以壮大声势。因之，霁云离开大民屯后，即把第四军拆散，准备编入自己队中，并一心在等待晋升军长。哪承想张学良通知保存原样，而降将霁云又受命带同两个旅长来收拾旧部。自己希望落空，乃处处掣霁云的肘，致霁云很难开展工作。另外，在霁云看的是军队已被拆散，没法收拾。他的传单成了他的一件心病。郭松龄的被挤给

了他很大的教训。自思自己当了一回叛军将领，幸而没有被杀，倘若真的当了军长，岂不招忌太甚。因此急流勇退，回到新民回复了张学良。

张学良认为武汉清在拆他的台，因之对武汉清大为不满，派霁云当副官长。此职原已派了高纪毅。张学良到新民后对高纪毅说，老将对你可大不满意，因之吓跑了高纪毅，改派的霁云。霁云对于此职颇为满意，认为消息灵通，又在少帅身边，生命上保险。

到新民后，听说正面失败的情况是，总司令部某人在新民县视察浴池，见到前线旅长刘连全带同旅部全体人员到新民来洗澡。某人说，现在前线军情紧急，你怎么把全部人带来洗澡，如被总司令知道，岂能允许？刘连全说，我们洗完就回去，并请不要向总司令报告。其实，他们当晚并没有回去。

恰于是晚，敌骑兵 10 余名进入该旅驻地屯中，因各处均无哨兵，因之很顺利地到了旅部门口，也只见到睡觉的门岗，内中无人，数骑一顿急枪，立刻给打乱了套，各团往旅部打电话，又无人接，更形混乱。敌侦骑奔回后召来大队，乘郭军混乱之际，进行围攻，如入无人之境。郭军他处部队则认为前线被突破，全线架枪，结束了战斗。

总司令部得信后，郭松龄要到前线亲自督战。邹作华认为大势已去，去到前线亦无能为力，劝郭不如赶紧逃走。林长民劝郭逃往日本附属地，因之未乘火车坐大车逃走。又因韩淑秀不会骑马，因之虽有可追火车的快马，也未使用。他让我们去梁家窝铺的命令，可能是意在让我们给他挡后阵，他好安全逃到目的地。据说，日本附属地的日本人也已闻郭兵败，派出汽车迎接，但未遇到。

郭松龄带同韩淑秀与卫兵在去日本附属地途中，被奉天军队王永清带军追上，在老达房左近屯中的一个萝卜窖内搜获。王永清原系郭松龄一手提拔的人，他积极追捕，认为功劳极大。而张氏认为王永清没有义气，恩将仇报。因为张氏总有绿林人气度（胡子派），对王永清很不满意。

奉天派高金山来拘提郭松龄。郭一见到高金山，就知道自己死定了。因为张作霖一向杀人的执行者是高金山。由看押处解出时说解往奉天，但行至一小河沟时，前行汽车停住，推说有障碍，郭发觉不对，乃对高金山说："事情该怎么办就怎么办吧，何必作假呢！"押的人说："既军长明白就请下车吧！"郭夫妇下车后，韩淑秀说："都怨我，毙了我，放了他吧！"郭松龄回头说："你还扯呢！"话未说完，枪响身死。因之，郭松龄死后之相片是说话的样子，一回头嘴歪的样子。

死后暴尸奉天小河沿，照了相片准备发到各军。当运到新民时，霁云把相片送到张学良办公桌上，张学良问是什么，霁云未语，但神情凄然。张学良一看相片也凄然泪下，告诉霁云："不要发下去，拿去烧掉！"并说："老郭此举，我到底不知他的真意是什么。因为政见不合，他提出的'打倒独裁反内战，为国为民清君侧'的意志很坚决，是光明正大的，我也没有理由阻止他。因为我们是父子，我说我得回去，他也不拦我，让我回来。他也相信我不会给他泄露。我实在也真没有泄露。此次原想见面重谈前事，不想他已不生在！"掷笔桌上，叹息不已。我问霁云："张学良为什么说这些话呢？"霁云说："他们父子政见不合。张作霖是家天下思想，张学良不是。所以，对郭松龄的行动并不反对，而独自守中立态度。"

郭松龄反奉见闻

据说，郭军失败后，饶汉祥随着由五个火车头牵引的一长列火车，带同物资，西走山海关至魏益三处。以后，奉天派万福麟去山海关接收。经派人交涉很久，毫无头绪，并在无烟城设防。其后，奉天增派霁云，霁云在山海关前线喊过来一个团投降。魏益三带同部下，西奔逃往河南。

在霁云第一次离开大民屯后，奉军欲洗劫我们财物衣服。我找来第八军军法处处长高让斗，将我带出看押处，损失不大。将所得1000元天津票，连同参加倒戈以来的两个月薪饷720元，交高让斗代为收存，此款以后并未收回。

霁云回大民屯收拢军队，未有成就。我乃随他一同骑马到新民。未久，乃随西开第一列载运富双英旅的军车回到锦州家中，就此结束了我的军队生活。

1964 年 1 月 20 日

# 《关于郭松龄反奉倒张的经过纪实》一文的两段补充

高问樵

第一段：

第四军由北边迁回到兴隆店的前一天，我们宿营在小马场。当晚我向霁云说："明天咱们的任务是打下兴隆店。在那里，我们若是看着张学良怎么办（已知张在兴隆店督师，截击郭松龄）？"霁云说："还是听他（张学良）的。他说了算，他是总司令，听他的指挥。我们和他一同进奉天。"我接着又向他说："他既是总司令，假若他叫你回兵打郭松龄，你又怎么办？"霁云说："他做不出这个事来。如果他真的这样要求我，我就把军队直接交给他，我引身自退，不管了。我和张学良的关系与我和郭松龄的关系，放在天平里，哪头高，哪头低？分不出轻重来，是一样的。反正他们两个人的事，我就不管了。"我接着就又说了一句：“这真是名副其实的鬼子、六子的呀（鬼子指郭松龄，六子指张学良）！”

第二段：

在向兴隆店前进的途中，在大民屯西北左翼第五旅的情况不利。军部不得已，乃暂时进驻朱家房身。当时接到郭松龄最后的命令，我就向霁云建议说：“情况不妙。不如借出去视察的名义，万一失败了，乘机到日本站去避难，不必担这份危险。”霁云说：“革命嘛，几个人都能成其大事。我们七万多人，怎能那么容易就完了呢？”同时，他又说：“即使是失败了，我们走不出去，他们也枪毙不了我，除非不叫我见到张学良。我若见到他，他就不敢把我怎的，因为他是有顾虑的。”

以上两段谈话，霁云虽然没有明说郭松龄反奉倒张的计划和行动，张学良是全知道的，并且也同意他这样做的。可是，从霁云谈话的内容和他谈话当时的神情上看，已经很明显地令人看出了个中的秘密。

# 郭松龄枪毙姜登选的详情

高问樵

军旗漫卷、寒风扑面的 1925 年军阀混战的 11 月初，郭松龄召集津榆驻军司令部所属各军师旅长以上军官到滦州开军事会议，会址在滦州车站偏西的一个火柴公司内。由郭松龄亲自宣布全军打回奉天清除奸佞的军事行动，并立即解除了六个师长的职务，严加看押。宣布成立东北国民军司令部，总司令用张学良的名头，副司令是郭松龄。当时编成四个军，以后又增设一个军（系到锦州后为了防堵李景林而增设）。

彼时我被派在东北国民军第四军，任军法处处长。第四军的军长是霁云，霁云和郭松龄的关系最为密切，和张振鹭也是无话不谈的朋友。郭松龄反奉的密谋，霁云知道得最早。姜登选被杀的当时，霁云正在滦州，所以他知道得也较为详细，内幕也比较彻底。我和霁云的关系是属至戚。在郭松龄反奉的整个的军事行动过程中，可以说我二人寸步未离，更是无话不谈。

回忆彼时霁云向我谈说郭松龄下令枪杀姜登选的情况，真是可恨。虽事隔多年，因为内中黑幕重重，事实出乎人们意料。与其说郭松龄枪杀了姜登选，倒不如说杀姜登选者是张振鹭。姜登选之死，起因于张振鹭，成之于彭振国。我和霁云皆认为张振鹭为了个人利益制造不利于整个事件的影响，是最可恨的行为。所以关于霁云向我所谈的经过，尚能记忆一些。但限于文化水平低而又年岁较大，难免有失误之处。然我认为这一经过知者很少，在过去事关大狱，谁敢言之。今记载于后，以供参考。

在郭松龄于滦州召开的反奉誓师大会将要结束的时候，车站驻军首领到会报告，安徽督办姜登选所乘专列将要进站前往奉天。郭松龄得悉后，立刻召集首要人员商讨对策，决定不能放姜登选过境。原因是，第一，在我们正在召开这样大型军事会议时姜登选突然到来，甚为可疑。有可能携有不利于郭松龄本人的密令，来乘机接收郭松龄的军权。因为郭松龄早已得有秘密报告说，奉天杨宇霆等开会密议，认为郭松龄一再不执行袭击北京的严令，违误军事行动，有意令姜登选接收郭松龄的军权，并在军前把郭松龄就地正法。因之一致怀疑。第二，姜如通过，到达奉天，可能泄露反奉消息，破坏两天内拿下奉天的整个计划。第三，我们整个计划倘若遭到阻碍，如果姜登选到了奉天，我们打回奉天时，将是一个有力的对手。

怎么办？布置兵力缴姜登选卫队的械，并把他暂行扣留，事成后再恢复他的自由。当即命令车站驻军执行。车站将兵力布置妥善之后，给洋旗（火车进站信号），让姜登选的专车进站。车一到站停住，所有姜登选的卫队全部被戒备森严的郭松龄军缴械，将姜登选拥下车来。据说当时姜下车后，大喊着说，这是为什么？这是为什么？自动地要上郭松龄的车面见郭松龄，被卫兵阻止。此时姜停立在车站不走，非要见郭松龄不可。经看押姜登选的军官传达了姜登选的要求，郭松龄知道后一再咂嘴说，我怎能见他，我怎能见他。挥手命令把他送到城内栈房扣住算啦！当时根本毫无杀害姜登选之意。

郭松龄之反奉是被迫事急，铤而走险，是极端秘密的事。事前除刘伟、高纪毅参与密谋外，只霁云知道得最早。其余他的亲信乃至他的至戚随从副官长马子孚，也是举行前夕才知道的。事前毫无准备，因之对军需给养等项，除军事行动外，一切都遇到很大困难。彼时天气已冷，所有军队全无冬装。郭松龄临时派出他的军需处处长鲁穆庭，使用冯玉祥资助的 20 万大洋，去到天津赶制御寒军衣，未在军中。代行处长职务的是军需处军需官张振鹭（号衡若）。他因军需处缺钱，一切行动都遇到很大困难，见到扣留了姜登选，认为是个来钱之道。从姜登选的身上可以得到钱。乃面见郭松龄，提出军需处缺钱行军困难，请示办法。郭松龄当时也正为此事发愁。张振鹭乃乘机建议说，目前倒有个来钱的机会。此次奉天派出各省督办，老将（张作霖）每人给了 30 万元的接办费，这笔钱谁也用不着，都饱了私囊。今天扣留了姜督办，他的 30 万元当然也不会动，是否可以从他身上想想办法？令他将钱拿出以利急需，岂不很好？是否可行，请指示一下。沉默了很久，郭松龄说可以。稍停后又说，此事不可强迫，婉言商量，你们俩又是老交情，把话说透，借是人情，不借是本分，不要施加压力。

张振鹭从司令部退出来后，不敢面见姜登选，既怕碰钉子又不好翻脸硬要。实在没有想到司令把这个事情完全交给了他。他认为此次找姜登选虽然是商量借钱，但实际是逼要他人私囊，绝不容易。

可是既已接受了任务，就必须完成，方能够交代。更何况处长不在，自己又成心露脸呢？但和姜登选又是老朋友，面面相关，他实在不敢亲身去办，乃派了一个上尉军需去找姜登选索钱。他既没有把司令意图传达给这一上尉，又没有指示他如何办。而又恰遇此人心粗性急，误以为向被监禁的人要钱不逼不交。当他见到姜登选时不但态度蛮横，而且言语粗野，直似对待俘虏般强行索要。因之立刻与姜口角争执，越吵越凶，但姜登选态度始终是和蔼的，被军需纠缠不过，无可奈何地说，不错，接办费30万元钱有之，但我没有随身带它，此款放在我天津的军需处，我的军需处处长现在天津。你们司令如果用钱，我们双方经天津拍电报，在天津付款过码子。咱俩没有再说的必要，你回去回复你们司令去吧。上尉军需见逼不到现钱，只有回去据实回复了张振鹭。张振鹭没见到钱，大为不满，认为不得要领，责骂上尉军需浑蛋，不会办事，更不懂事。他的理由是此款不是公款，怎么能放在天津军需处？姜登选不交钱是存心推诿。严令该军需再次去找姜登选要钱。

上尉受了一场臭骂，只有到姜登选身上发泄，也就对姜登选大发脾气，强行逼勒。姜登选也大怒，反问到：你们司令不是没有私囊呀！老将（张作霖）借着耍钱，在天津军衣庄变相给他的钱，比给我们的多出数倍呀！你们司令出门腰中带很多钱吗？如果带着钱为什么找我借？我已说过，双方出电报过款，怎么能说我是拒绝？你们司令这是存心逼人啊！上尉军需无话可答，说了一句，你拿不出钱来，我无法交差。姜登选马上回说，这好办，我给你们司令写信。立刻坐下给郭松龄写了一封信，提出经过，大表不满与讥笑（此信未曾见到，不知内容）。上尉军需把信交给了张振鹭，张认为事情办砸了。唯恐郭张二人见面，郭松龄知道真相对他自己前途大为不利。乃使出恶毒伎俩，与彭振国合谋拿了信一同去见郭松龄，意图置姜于死地。

张振鹭挑拨的内容不知详细，可是从郭下令后向霁云述说的言辞中，可见一斑。郭向霁云说："姜登选这小子非找死不可。我们此举是为国为民，是清君侧。他竟向衡若（张振鹭的号）说我们是大逆不道，是叛徒。向他大仁大义地借钱，他说我们是绑票。又说我不敢把他怎样。我已令小邱（彭振国的号）监刑把他毙了。"

就这样，张振鹭在郭面前大肆进行挑拨之能事，以激其怒。结果郭松龄果然在盛怒之下，下命令枪毙了姜登选。

张振鹭约会彭振国一同见郭，从中也有原因。郭当姜登选发表为安徽督军时，由张学良与郭松龄共同举荐彭振国，给姜登选当参谋长。结果因为他是张、郭的嫡系，被姜登选同他部下等士官系的人硬给排挤出来了。姜又自己委派冀翼翘接替了彭振国的职位，所以彭振国一直怀恨在心。此事张振鹭当然知之甚详。他会同彭振国做好豆腐，同见郭松龄是有用心的，也是有力量的。郭松龄命令彭振国执刑也是有意识的。

至于杀害姜登选时在执刑上还费了很大的心机。因为彭振国知道姜登选枪法好，而在缴械时，只有他一人的枪没有缴，并且还是最新式的手枪，唯恐近不得身，或当时被姜登选伤害了，所以他并未现身与姜登选见面。只是预先做了周密的布置，办法是第一步先完全清除姜登选身旁的随从人员。好在这些人的枪均已缴了械，只是出来一个扣押一个，一直到最后只剩姜登选一人。第二步是门外预伏兵士，等待姜登选走出门来，两旁的人一起上前逮捕。

在随从人员清除后，由一名卫兵把历数姜登选罪状的一封信送交给姜登选。姜登选当时仰卧炕上看信。他越看越怒，逐渐地大声地念。当念到，丧师在外，作战不力，应该枪决的地方，他是一手持信，目看信笺，斜身而起，并且口中喊着："嗬！都应该枪决（这个声音是带讥笑愤怒的长声儿）？这么几个钱还盯上了呢！"起得身后，见到屋中无人，喊随从人员又没人回答。下了地，掀起门帘，伸头往外查看，当即被门外伏兵抢上前去，扭住了姜的胳膊。至此，姜登选换不得手，只有狂喊谩骂的份儿，并且说："太不给人留面子了。"被拥到大门外，在影壁前对脑袋一枪，姜登选立刻毙命。

此时藏在影壁墙背后的执刑官彭振国，由墙后走过来，验明无误，回复了郭松龄。

姜登选就这样地被枪杀了。

1963 年 12 月 29 日

# 郭松龄反奉片断

宋九龄　口述　于俊满　整理

1925 年 11 月郭松龄反奉的时候，我正任第六混成旅旅长，参加了他所召开的滦州会议，随郭军直至新民，对这一段史实有些了解。但是，我毕竟是此事件的局外人，对其内幕不甚了解。现就个人亲身经历，所闻所见，写出来。唯事距今 30 余年，加之年老体弱，记忆不佳。这里所叙述的只是脑中记忆的片断，闻他人所说甚少，有不够的地方，尚待过去了解情况的先生们能有所指教和补充。

## 一、军调滦州

第二次奉直战结束后，我旅驻防廊坊。我这个旅长是直属郭松龄指挥，（本旅）战斗力比较强，包括马、步、炮三个兵种。1925 年 11 月上旬某日（详细日期忘记），晚间郭松龄打电话叫我到天津曹家花园开会（郭住于此），什么事不知。夹批：1925 年 11 月上旬到天津曹家花园开会（郭住于此）。是否为蔡家花园？

当夜乘火车去津，到时已半夜 12 点钟，随而见郭。郭说："一会儿开会。"我就在客厅等着。过了两个多小时，会还没开。这时我问郭："会怎么还不开呢？"郭笑着说："会不用开了。队伍想调动一下，你那个旅得用几个列车？"我说："有五个列车就行了。"往哪儿调动，郭当时也未说明。他并令我当夜赶回廊坊。

第三天的早晨火车就到了，同时接到郭松龄的电话，令队伍开到唐山。当天晚 6 点钟到唐山，未等下车，就接到魏益三（郭的副官）电话，又令开回滦州。到滦下车后见魏，他说："郭司令在古冶，一会儿就到。"11 月十七八日上午 10 时，郭的专车到滦，我即上车见郭。他说："宋旅长，把你的人给高纪毅调一个团，以后有啥事和他研究。"我下车后找到高，我说："郭司令说，让我给你一个团。"高说："用不着一个团，交我一个营吧。"于是，我就把刚下火车的一团一营（营长刘某）交给高。他随后让这一营人更换了衣服，开了会（内容不知）之后，布置在火车站路南火柴公司小楼的周围，负责警戒。

## 二、滦州军事会议

我把这一营人交给高纪毅后，已经是上午 11 点钟左右，随后就到火柴公司开会。我到楼上时，郭松龄正在楼上东边小屋里打药针（郭正患微病），他的夫人韩淑秀也在。楼上中间的大屋是开会的地方，到会的人很多，百余人。凡在滦州校级以上的官佐，均参加。会场四周警卫森严，士兵荷枪实弹，枪上刺刀，如临大敌，场内气氛也十分紧张，大家都不知葫芦里卖的是什么药。

待大夫走后，郭宣布开会。他在会上说了许多话，中心意思是要反张作霖，现在就我记忆能及的有这么几句。郭说："现在拟就两个方案，请大家选择签名：一是移兵开垦，不参加国内战争；二是战争到底，武力统一。"此时会场非常紧张，面面相觑，无一人发言。随由在桌旁的赵恩臻首在第一张纸上签名，别人也随着签名。唯有裴春生军长当时背手面北不语，没有签名。我说："裴军长不会写字，我给他代笔行不行？"当时有人说："行。"于是，我替他签了名。随后郭继续说："我这样的行为等于造反。福棠大哥（赵恩臻号）、振东大哥（裴春生号）、佐臣大哥（齐恩铭号）、子钦大哥（高维岳号）、宾英大哥（额宾英）、祝三大哥（穆春号），你们几位跟随老将（张作霖）多年，是老将的忠臣，我绝不拉你们几位造反，不让你们对不起老将。你们几位可暂时休息一下，将来我要成功了，还请你们几位出来帮忙，愿意干啥就干啥。"说完，宣布这六位退席，并宣布散会。

随后，郭的副官（名忘记）领着他们六位，到城里一个院子里（民房），软禁起来。院门口双岗警戒，不准他们出院。当天晚上，郭的军需处处长鲁际清（穆庭）经手开具 5000 元支票，郭的副官交给我，郭令我送赵恩臻等六位去天津，交李景林（芳震）转营口回奉天。那 5000 元作为路费和其他零用。晚 7 时左右，我带着几名警卫和他们六人同乘汽车到火车站。刚到站，郭来电话告诉我："不用去了，回来吧。"随即乘来时的汽车返回原处。5000 元支票我交给郭的副官（名忘了）。以后是谁把他们六个人送天津的，不得而知。

## 三、交兵权，任"总指挥"

我向来与副帅（张作相）关系密切，并在大帅（张作霖）部下多年。我这个旅战斗力又强，郭唯恐出意外，所以在滦州会议的当时，郭就令我把我的一个旅交给二十七团团长齐蓬大（是郭的亲信），任命我为总指挥。我这个总指挥是有职无权，有其名无其实。滦州会议后，郭军沿铁路线前进，我亦随军前进，和郭的高级将领同乘一车。在我记忆中有：饶汉祥（郭的秘书长）、林长民（参谋长）、郜汝廉（参谋长）。郭并让我和他们同吃西餐，以示照顾。从此，我饱食终日，无所用心，无所事事。

## 四、郭军兵败新民

滦州会议后，郭军东进。11 月二十八九日到锦西连山，与奉军（张廷枢旅）相遇，激战三个小时左右，奉军撤退。郭军继续前进。12 月三四日到锦州，歇兵三日，后又继续前进，未及战斗。12 月五六日到新民，郭松龄住在大街东头德源店（商会会长杨某企业），其夫人韩淑秀住在一个油坊。我住在仁和店。当晚 12 点钟，我到郭处看他，屋内只他一人。郭给少帅（张学良）写就一封信，放在桌子上。他说："我给汉卿（张学良）写封信，你看看吧！"我拿起一看是用铅笔写的，很潦草。我说："我看不下来，不看了。"遂把信交给他，什么内容现在想不起来了。这时店茶房送饭来，请郭吃饭（大米饭，冻豆腐猪肉酸菜粉。郭一向不吃炒菜，愿吃软食）。他说："你

77

也吃点吧!"我说:"吃过了,你吃吧!"饭后郭令我回去,我遂回到住处。这一夜,新民街未发生战斗,相安无事。

次日晨,奉军攻新民,枪声不绝,不知情况如何。我遂令我的副官刘世杰,去总部问郜汝廉(郭的参谋长),究竟怎么回事。刘回来后对我说:"郜参谋长请总指挥去一趟。"我随到郜处,他说:"昨晚值夜,郭军长带着100多人,和韩夫人,还有林长民、饶汉祥走了。"我问哪边去了,郜说:"往城西南走了。"我说:"西南都是树丛沙漠,这条路走不出去呀!"这时新民是群龙无首,非常混乱,时有奉军骑兵(哪部分的记不清了)要进新民街,我唯恐进街后与郭军残部进行巷战,与民不利。另外,我认为郭已逃走,再打也没有什么用,所以我令副官刘世杰与奉军骑兵接洽,后奉军派来副官一人(名不详),我对他说:"郭松龄已经走了,都是一家人,不要打了。"他说:"那好!"所以,他们没有进新民。这时,郭的重要人物都逃跑了,郭军也溃不成军,散兵游勇到处都是,乱极一时。

这时辅帅(张作相)正在高山堡,我派人请他来新民。他来后,我把郭军丢下的车辆、弹械等军需物资交给他,大车五六十辆(车上均是弹械、粮食等)。

# 五、郭反奉失败后,

## 吴俊升建议杀营以上干部的经过情形

不久,吴俊升(绰号吴大舌头,黑龙江督办,第二十九师师长)、汤玉麟(汤大虎,热河省主席)到了新民,在一个旅馆里,吴俊升对张作相说:"呜呜,我看这些人都得枪毙。"张问:"哪些人？"吴说："营长以上，营长以上。"当时张未置可否。次日，吴、汤回奉天。吴又向张作霖建议杀营长以上干部，吴说："这些人帮助郭松龄反大帅，不能留着。"张作霖表示同意。

几天之后，张辅帅（作相）回奉天，张大帅（作霖）对他说："兴权（吴俊升）向我建议，营长以上的都枪毙，你看怎样？"张作相说："大帅打算怎么办？"他说："都枪毙。"张作相说："大帅说都枪毙，我看不能这样办。""怎么不能都枪毙呢？"张作霖反问张作相。他沉思了一会儿，说："大帅想想今后还有没有事，没有就全枪毙，有事就不能这样做。到时候，再找这些人可不容易。再说，这些人原就是大帅的人，大帅要三思而后行才好。"大帅仍不同意，张作相愤然离去，回到他的西下窪子公馆。

次日，大帅打电话叫张作相，又就这个问题辩论很久。最后大帅对张作相说："那就依你吧！"这样，算是没有杀这批人。

# 六、求见张作霖

约在这年的12月末，我回到了奉天的家。次日，我就求见张作霖。在这之前，我曾打电话给穆春（军长）、赵恩臻（军长），对他们说："我要见大帅，请你们帮忙，以防大帅生气枪毙我。"他俩答应可以向大帅说情。于是，我就乘车到张作霖的公馆，进屋行礼毕，大帅就开骂："你他妈的，你好哇，当上总指挥了，比旅长大得多呀！"他还要继续骂下去，我说："大帅不必生气，回来那五位军长和一位旅长，大概我的情形已向大帅说了，不然我也不敢来。"因事先有赵恩臻、穆春的说情，加上我一解释，他也就不气了。就这样，结束了这次求见。

晚间，突然大帅又来电话，叫我马上去。这一下子我可慌了。我想："晚间无人说情，这回要坏事。"心中十五个吊桶，七上八下。但也没办法，就硬着头皮去了。刚一进屋，大帅说："你来了？"我答道："来了！"他指着吩咐说："你到山海关去一趟，把炮兵司令魏益三叫回来。"随即交给我公文。我说："我怕劝不来他，不如请刘振东去，他俩是同学，往来很密切，到那就能请来。"后来刘振东去，魏也未来，刘也跟他走了。

## 七、姜登选被杀经过

1925年11月20日下午（滦州会议下午），皖督姜登选的专车由天津路过滦州时，被郭松龄扣留。姜下车后，就把他和赵恩臻等六人软禁在一起。姜一进门看见赵等六人，很惊讶地说："你们几位都在这里，怎么这样齐楚呢？"赵等六人付之一笑，默默无言。我当时正在这屋，我指着身旁的一把椅子说："督办请坐。"没等我说完话，郭的副官（名忘记）由外边进屋说："请督办到西院谈话。"又把姜软禁在西院。

当郭军的军车行至兴城西白庙子的时候，我以前的副官张德胜（后荐于郭为副官）对我说："总指挥呀！姜督办被枪毙了！""枪毙哪儿了？"我问道。"枪毙滦州东河套了。"张回答说。我愤怒地问："又是你小子干的？"他说："不是我干的，郭军长叫我监场。"我接着问："尸首怎么办？"他说："埋在河套边上了。"

1963年6月7日

# 阚朝玺投郭（松龄）被拒的真相

高问樵

　　郭松龄属下东北国民军第四军——霁云军，原任务是后防总司令，驻军山海关。连山（锦西）攻下后，接到命令，开赴前线加入追击。当第四军到达锦州的时候，总司令部已经先期到锦。军长霁云到郭松龄司令部军车上去见郭松龄，在车上遇到热河都统阚朝玺的参谋长兼师长邱天培。霁邱二人早在东北讲武堂时同任第一期教官，彼此相处尚好。此时邱天培遇到霁云，欢喜至极，真是如获至宝，简单话旧后，邱天培急不可待地说："老霁帮帮忙吧，我是奉阚都统之命来见茂宸（郭松龄、霁云、邱天培三人曾同在东北讲武堂第一期当过教官，茂宸是郭松龄的号，老友相见，彼此喊号），接洽阚都统投靠、彼此合作的事情。我来到锦州已两日，郭司令一直不置可否，把我塑在这了，你快帮个忙吧！与茂宸说一说，我好回去。现在阚都统已被冯玉祥的国民军军长宋哲元部队逐出热河，现在屯兵义州（义县）。他的意志很坚决，条件又不大，甘愿作为前部先锋队攻击奉天，事成之后，把黑龙江或吉林给他个地盘就妥，此事双方有利，你快给说一说吧！他（阚朝玺）之所以派我来洽谈，是因为我们交情密切。"

霁云对此事因公因私，都是义不容辞的事情。与邱分手后立刻疾步到郭松龄的军车上，向郭松龄陈说此事。郭当时还是未置可否，只下令召开各军首脑军事会议。未几，与会人员到齐，郭松龄宣布开会。讨论事情是两个，一个是阚朝玺来投的事项；另一个是山东省督军张宗昌来电报，表示与郭合作，要求郭松龄派飞机前往山东援助的事项（当时郭军有飞机，空军航空队队长是郭松龄的至亲赵绍宗）。

会议情况是，所有与会将领一致同意容纳阚朝玺来投，只郭松龄反对，结果全部拒绝了大家的决议。当时郭松龄严厉地对各将领说："非我族类，其心必异。现在势穷来投，应许了安置他，将来还要解决他。让人民受几回涂炭？做事必须彻底。"就这样，坚决拒不接纳阚朝玺来投，专横独裁地作了决定，不应许阚要求的条件。对于张宗昌的来电则置之不理。随即拿起一大张毛边纸，写了一道字迹有鸡蛋大的命令，其内容主要的是：

一、阚朝玺开去热河都统，聘为本军高等顾问，将军队交出。

二、穆春、万福麟各归原防。

三、吴俊升、汤玉麟……听候查办。

这一临时性的军事会议，就这样独断专行地作了决定。与会人员一致认为树敌太多，于军不利，不纳来投，是给敌人增加了力量。结果是不欢而散。

邱天培见到命令如释重负，立即返回义州复命去了。

会后郭松龄下令第四军驰往义州，解决阚朝玺及汤玉麟部队，并肃清左翼之敌，以备主力部队沿铁路进军。第四军到达义州时，阚军主力和汤玉麟骑兵旅，已先期东逸。阚朝玺军逃往洮南一带去了。只邱天培率其少数军队未动，当即被郭军缴了械。

第四军执行命令继续沿北边一带，向北镇、黑山、新民一带追击。

1963 年 12 月 29 日

# 关于国民革命军总司令郭松龄倒张作霖经过

郭景珊

1925 年正值军阀混战时期，不但军阀中派系间互相争战，而且军阀派系内部，也是矛盾重重，甚至发生互相残杀的战争。

1925 年 9 月，我在东北军第二旅三十九团三营十二连充当连副，驻在徐州。以后出发到砀山县，攻打孙传芳部队。不久，就奉命坐火车开到天津南静海县。在静海县驻了几天，又奉命徒步开往滦县。经过五天行军，到了滦县东边石门车站。在石门由本团王团长讲话说："我们是奉令到奉天去打小日本的。"当时发下绿色布，每人戴袖标，以示识别。当时出了山海关，到了前卫车站。这天我奉令调到第二军部，到了军部，见了刘伟军长。他说："我升了军长，我们去奉天打张作霖，调你到军部担任联络副官，你愿意不愿意？"当时我说："听命令吧！"但我心中想："这是不对的。为什么打张作霖呢？"我在思想上很久搞不清楚。心想："将来有机会再说吧！"

当时我们第二军部官佐，全坐火车前进。第二天到达连山（今锦西县）。在连山北山上先头部队第二旅与第十九旅和敌人开始遭遇，战斗激烈。第二天晚间，天气寒冷，下了大雪，温度降到零下20余度，士兵多在雪窝里冻死。第三天战斗结束。先头部队奉令前进。这时有热河都统阚朝玺，派人来联络说："要帮助郭松龄。"我军派旅长栾云奎去义县北镇迎接阚朝玺。但是，阚朝玺他是假意，实际上是要借道回奉天。没等栾云奎到达义县，阚朝玺部队早就绕道东上。

这时，第二军先头部队沿铁路前进，左翼第二旅王旅，右翼第十九旅高纪毅旅，已先后到达新民县等地。当时火车站被破坏了，火车不通，部队立即派人连夜修补铁路。我们第二军坐火车开到白旗堡，再不能前进了，因柳河大桥已被破坏。军部全体官佐，下火车徒步前进，第二天到达新民县，驻在街内德盛油坊。

前方部队第二旅和第十九旅在巨流河开始和张作相部队战斗。双方各据辽河两岸，战斗非常激烈。打了几天以后，前方战士意志消沉，士气低落，有的开始投降，有的不打了，有的官兵说："咱们大家吃老张家的饭，再打老张家，太不对了。咱们良心何在？"这天下午，刘军长亲身到前方督战。郭松龄率领总部全体官佐，坐火车到达白旗堡。总部参谋长邹作华打电话给第二军参谋长陈再新（当时我在旁边，听得很清楚），陈参谋长向邹作华报告说："前方战士不愿打仗，还是请总司令到新民县来，商议对策。"陈参谋长放下电话后，对我说："郭副官，你赶快带一个骑兵，骑一匹快马，去白旗堡接总司令来新民县，不可有误。"

我遵令骑快马来到白旗堡。两个小时左右，在柳河沟遇见郭松龄的先头部队。有一位尖兵官长问我："你是哪军的？"我说："我是第二军陈参谋长派来接总司令的。怕总司令道路不熟，叫我前来带路。"他听了，便带我见邹参谋长。当时邹作华说："你是陈参谋长派来接总司令的吗？"我说："是的。"他说："好吧！你头前带路吧，可不要带错了路！"这时候，已有5点多钟，天已经黑了，我就到头前带路。到了新民县街西，我就先到军部报告。这时有第一军军长刘振东、第二军军长刘伟、第三军军长范浦江、第十九旅旅长高纪毅及军参谋长陈再新等，到军部门外等候。

不过十几分钟，郭松龄就到了。大家寒暄几句，走进刘军长办公室。坐下以后，郭松龄开始向各军军长询问前方战斗情况，当时各军军长全未发言。陈再新说："前方战斗业已停止，主要原因是官兵厌战，有的投降，第二军五十团团长富双英投降了，很多营连投降了，并且有的官兵在战场上说：'我们吃老张家父子的饭，再打老张家太不对了，良心下不去。我们绝不应该再打下去了。'我们高级指挥员也是没有办法。总座有何上策，请予指示！"

郭松龄说："我还带来卫队和预备队，可以上去，参加战斗。你看怎样？"陈再新说："总座带来这点卫队，不能发挥多大作用，那是不行的。看来全线官兵，现下是不能效命了。总座还应想其他良策！"这时，郭松龄掉下眼泪，郭太太韩淑秀（是总部机要参谋）也落下眼泪。郭松龄说："你们大家看我郭松龄是个人的话，就帮助郭某干一下。如果不能帮助的话，我郭某到此地步，也别无其他办法。你们大家有什么善后办法吗？"接着邹作华说："这是因为总座待人有不对的地方，各将领不能与总座效命，请问，各位军长有何办法？"这时，刘振东、刘伟、范浦江、高纪毅、陈再新等都说："我们也无有好的办法。"大家经过商量，都认为只好与张大元帅打一封电报，承认错误，请大帅治罪，或者请大帅开恩免罪。大家等电报回来，看如何指示。最后大家都说："请总座休息休息吧！"这时，郭松龄及其太太韩淑秀又都掉下眼泪。当时郭松龄感慨地说："总而言之，我郭某绝没想到会有今日。我姓郭的做得不对了。"

这时大家拟好一封电报，由我送到电报局拍发。以后张作霖复电，电报云："除郭松龄一人生命财产不保外，其他各将领一概无罪。"这时，郭松龄又召集各将领开会，各将领全到齐了。郭松龄说："你们无罪了，唯有郭某是有罪的，我现在要往关里去。"这时郭太太韩淑秀说："茂宸，你先骑马，赶快走吧！不必等我了，我不能骑马，不能和你一块走，以后到关里再会面吧！"这时，郭松龄激动地说："我们生死都要在一块儿。我郭茂宸不能把你扔掉，赶快一块儿走吧！""请佩高准备一辆大车送我们吧（佩高是刘伟的号）！"这时刘军长对我说："郭副官，你马上到卫队三连，叫他们套一辆大车赶快来，不得有误！"

约半小时，我将大车领来，郭松龄同少数卫队和韩淑秀坐上大车，就起身往西去了。各位军长临别时前往送行，大家都说："请总座多多保重，后会有期吧！"郭松龄走后几天，据说被张作霖骑兵旅旅长王永清在老达房白菜窖里捕获，当场枪毙。这就是郭松龄的下场。

当天下午，张作相进了新民县城，召集倒戈的各将领开会。张作相说："你们吃老张家饭，把你们提升为将官，你们不想报恩，反而作乱，你们的良心何在？"这时倒戈的各将领说："我们有罪，请大帅处治。"张作相说："好吧，你们先委屈一下，暂时押起来，等待大元帅发落。"

第二天，张学良进新民县，才将监押的各将领召集一块。张学良说："佩高，我拿你当人看，你怎么不做人事？"刘伟说："报告军团长，我刘伟在不是人的地方，就得做不是人的事。郭松龄是军团长提拔起来的，他怎么不做人事，倒军团长的戈。我刘伟在郭松龄指挥下，只有服从命令，请军团长治刘伟的罪吧！"张学良说："佩高，你是个英雄，我命令你编队！"刘伟说："谢谢军团长，不治刘伟的罪，还让刘伟编队。今后刘伟赴汤蹈火，在所不辞！今生不忘军团长的大恩大德，刘伟戴罪立功吧！"当时张学良下了手谕，委刘伟为第六混成旅旅长，委刘镇阁为十七团团长，委姚东藩为八十团团长，委李福振为八十五团团长，归刘伟管辖。张学良说："佩高拿手谕编队去吧，这回好好干！"又说："陈再新，你这次新民县战斗有很大的功，我给你编队。"陈再新说："谢谢军团长，陈再新在这个场合，也是无办法的，也是有罪的。今后再报效军团长提拔之恩！"当时委陈再新为第二混成旅旅长。又说："邹作华这次战斗也有功，我与你编队。"邹作华说："哪有功，还是有大罪的人。谢谢军团长提拔之恩！"当时委邹作华为炮兵司令。

这次郭松龄倒戈，有种种原由，其中主要原因是：在1924年直奉战争时，郭松龄在山海关很有功劳，可是未得到督军的职务，而李景林却得到直隶督军，张宗昌得到山东督军，杨宇霆得到江苏督军，姜登选得到安徽督军，唯独郭松龄没有得到封赏，心怀不满。而郭松龄在山海关战役时，曾缴直军彭寿新一个军的全军枪械，还有冯玉祥的一个旅的枪械，自居功高。但张作霖并未给予相应的封赏，因之心怀不满，进行倒戈。哪知张作霖当时在各将领中还有一定威信，造成了吃张家饭打张家军就是不义的行为。又兼郭松龄倒戈没有群众基础，完全是为了个人利益，欺骗他的部下，扬言北上打日本，实际是打张作霖，出师无名，将士厌战。尤其是在前线造成了吃张家饭打张家军乃是不义的舆论。因此，将无斗志，兵心涣散。又兼张作霖打来电报说："除郭松龄一人外，其他将领皆无罪。"分化了郭松龄的军队，因之，郭松龄只得束手就擒。

张学良在平定了郭松龄的叛乱之后，又分委郭松龄的部下，重新改编了军队，各有封赏，又巩固了他的统治。

由以上事实看来，当时军阀的内部关系是，互相利用，互相钩心斗角，各自图利。而郭松龄身为总司令，仍自居功高，贪心不足，利欲熏心，以致进行倒戈叛乱，最后自食其果。由此可见，当时为政者，各为自己，焉有真心为人民谋幸福者。

1963 年 3 月 10 日

# 郭松龄反奉之片断

高峻岭

## 一、回师东上

我原是东北陆军第五师第五旅八十四团第二营营长，率本营和迫击炮一连驻河北省宝坻县城西渠口镇，与通州敌军冯玉祥队伍对峙。于 1925 年 11 月，突然奉命归还团建制，以徒步行军向天津前进。到达目的地后，即由天津车站乘车东进。次日晨，到了滦州车站，又奉命下车。全团驻在滦州车站附近。派本营为郭松龄军部外卫兵，是夜枪毙姜登选，并扣押齐、高等五名师旅长（忘记他们的名字）。

在滦州驻了几天之后，又乘车开到山海关，在此地进行犒军和发布反奉命令。犒军是营长赏现洋一百元，连排长四五十元，士兵一二十元。反奉命令内容很长，但我只能记住大意是老帅春秋已高，无能为力，只有拥护青年英俊的张汉卿为东北保安总司令，进行建设等。这在政治上、思想上都予以准备。在此驻了几天之后，又乘车东进。因为连山已经攻克，所以一直开到新民县。此时已到 12 月初旬，天气很冷。本团冒雪到达任务地——新民县东南富贵营子村，进行休整。

## 二、巨流河激战

休整之后，本营受命攻击巨流河东岸佟家房身敌军据点。在出发之前，曾向当地群众了解佟家房身敌军防御的措施情形。据了解，巨流河东岸到佟家房身村有二里，地形全系平原，唯其中间有一道战壕，佟家房身两村头围墙上有八个重机枪枪眼。我根据这些敌情的概况，于半夜时候，即同营副官和连长等到达巨流河东岸视察。是夜皓月当空，皑皑白雪盖地，以至眼界辽阔，观察清晰。经过侦察所得结果，大致与群众的反映相符合，唯战壕上盖有秫秸，其中发出枪声，全是对向空中。我们推测这是敌守兵怕冷，藏在壕沟里的表现。由此，我们研究攻击方式采取突击办法。具体措施，在拂晓前把队伍散布在巨流河东岸。为便于出击，在河岸上掘出脚磴，官长脱去大衣，看到营旗挥舞，全营官兵一起拥进，用快速步伐跃过战壕，直冲佟家房身街中。

届时，我们全营官兵按照上述措施进行突击，由于敌军没发觉我们行动，很顺利地冲进佟家房身敌军。此时东方刚刚发白，所以绝大多数敌人都是在酣睡中，等到他们发觉时，已失去反抗机会。以致有少数敌人乘马逃跑，多数敌人跳进菜窖里。当时我们宣布缴枪留命，否则向窖中开枪，因之，窖中敌人将大小枪支由窖中纷纷向外抛出，到了当日午间，敌军阵地业已肃清。缴获的枪马都聚集在村东头大院中。我一进街时，得了一匹雪里站的黑洋马（四白蹄），长得很漂亮，该马身上两个鞍囊里，一个装着洋马掌，一个装着大烟土。我问那个马夫，你们是哪个部队，他说，我们是黑龙江的骑兵队。旅长是张树森，他住在东街，听到枪声，认为大势已去，逃之夭夭了。

当晚，我们就驻在佟家房身。次日，又受命攻击兰根泡。攻克该村后，又向七家子攻击。此地距兴隆店车站只有几里路。于是，我们认为敌军向法库方向进行总退却，胜利在望了。

### 三、缴械告终

在这胜利声中，得到一个不幸消息，就是奉上级指示，全军失利，我旅停止作战。我着即整顿队伍，到大民屯集合。此时敌方也停止攻击。但是有部分炮兵仍向我们开火，于是冒着敌火，指挥队伍向大民屯疾进。到大民屯集合地不久，见到本旅旅长刘维勇，偕同敌方骑兵高级指挥官张九卿、武汉清等，给我们讲话，大意是郭松龄被俘，西军全军停止作战，唯有你们不了解情况，仍然孤军作战，负隅顽抗，前途危险。过去我们都是一家人，所以这次东西作战，等于实兵演习，因此缴械后，不分敌我，一律以友军对待。倘有以敌意对待你们，则由我负责保护。

讲话结束后，我们进行缴枪和一切军用物资。当时被分配到佟家房身宿营，等到营地第二天的时候，以前被我们缴过械的骑兵旅官兵前来佟家房身，对我们进行了报复，用武力威胁我们，并搜我们的腰包，把我们全体官兵财物洗劫一空，并威胁我说要我的命。

因之，我们恳请张九卿保护，但还是担心，遂派步兵一排来驻佟家房身进行保护。在此地驻了半个月之久以后，本营士兵归张学成改编。我们官长一律到新民县军官大队为队员。时临旧历年关，我借着机会就回家过年去了。

# 记录郭松龄反奉几段事实

韩凤麟

郭军反奉前因后果，在辽宁省文史资料选辑中已有记载。兹想出几段亲身见闻，以资补零。

## 一、白旗堡军事会议

当时我在十九旅充卫生队医务长。十九旅是隶属于郭军第三军。十九旅旅长原是栾云奎，之后是高纪毅。第三军军长是范浦江。我们部队进驻白旗堡时，正是 1925 年的 11 月。在 11 月初旬，又一次在旅部开会，参加的人员有范军长、高旅长，其余还有几位将级人员，我均不认识。我以负责救护人员出席。会议上研究向沈阳进军计划。当时以为沈阳已唾手可得。在会议席上，我特别不习惯的就是这些被张家父子一手提拔的将领们，他们在发表意见时，都称张作霖为老张如何如何，称张学良为小张如何如何。他们多年惟恭惟谨地称呼张老将、张军团长，今天立刻变成他们轻慢的对象了。人情淡薄，世态炎凉，变换如此之速，何胜浩叹！当时我是不耻郭军叛变行为，有些看不起这些肥头大耳的将军们的朝秦暮楚、背信弃义、犯上作乱的行为！

我们当时十九旅的作战任务是，大军攻陷沈阳以后，十七团占领官银号，三十团占领大帅府，四十团占领兵工厂。我原系四十团军医主任，张团长当时高兴地答应我，占领兵工厂以后，一定送我一支好手枪，云云。

## 二、战事失败我们流亡文会中学

在白旗堡，我们军队驻扎未久，十九旅队伍就开到新民县城以东长山子一带设防，与东军有几天对峙。东军以张学良为统帅，前敌总指挥是朱继先。两方对峙未久，据传，我们友军三十二旅被东军夜袭，损失惨重。当日午后，我们同人在营外闲步时，眼看我旅十七团队伍，已退到铁路以南布防。我对战况存在怀疑的态度，去进谒高旅长。他仍强调战事很乐观，勉励我们卫生队好好从事救护工作。

当晚，我们卫生队救护站，设全军主要炮兵阵地之后，大炮通宵发射，轰天震地的响声，使人无法入睡。夹批：据传，郭军参谋长邹作华，原系京榆驻军炮兵第一旅长。郭松龄倒戈时，因邹系日本士官学校毕业，与杨宇霆前后同学，遂取消其旅长职务，调任参谋长。长山子作战，邹暗令炮兵把炮弹引火部卸下，使发时炮弹不能发挥杀伤作用。这样既有助于东军，又可以报郭某私愤。

前方运送来救护站的伤兵很多，翌晨卫生材料已不足应用。我到旅部去找高旅长，高已不知去向。旋见副官长杨德新，我探询战况，他也说战况很好，我军不日出击云云。我报告前方运来伤患很多，卫材不足，他允许我去新民总部医务处领取。夹批：杨德新在十九旅进击临榆时，杨系实击营长，以后提升十九旅中校副官长。因其人凶狠，人多视之为"杨扒皮"。

我与勤务兵乘马到新民见医务处处长李树德（地址在新民卫生医院）。他询问前方情况如何，我答以据传很好。就在这一刹那，忽有李处长的勤务兵，慌慌张张由外边跑进来，语不成声地报告："东军已由北门进新民，在大街上已开始缴西军的械，军队已向我们这方面前进"云云。我们进军沈阳一切计划，均为南柯一梦。为了逃避做人俘虏，当即抛弃军装，化装成百姓，与总部医官任作楫、十九旅军需官赵梅王，由我介绍，一同到新民基督教文会中学躲藏起来。该校史校长对我们的食宿照顾很好，颇兹感激！

## 三、郭松龄失败后暴尸经过

1925 年 12 月底，郭松龄见大势已去，与夫人韩淑秀乘民间大车，拟奔南满铁路逃亡大连。不期逃亡途中，遇着东军追兵。他们在辽中县老达房（或作坊）的民间菜窖中，被江省骑兵王永清部捕获。

以后由大帅府电令就地枪决，并将尸体运至沈阳小河沿体育场，暴尸三日。在暴尸三日中，有好事者曾在尸体两旁张贴挽联如下："论名论利论公论私张大帅哪样亏你？不仁不义不忠不孝你夫妇占个完全！"这个挽联是一位同人见示的。

## 四、郭军失败后，一些被俘将领表现得奇形怪状

*1. 我与赵军需官巧逢旧上司朱继先，改变了立场*

在文会中学避难第二天，我与赵军需官到街上闲步，巧遇旧日熟人，引我们进谒东军前总指挥朱继先。当即收容了我们，给我们膀子上各佩戴上一条蓝领巾，这就是东军官兵的标志。我们以后就可以合法地在新民大街上随便行动了，一笑！夹批：朱继先于1924年当十九旅四十团团长，时我曾充该团上尉军医，以后他曾充东北、北京讲武堂教育长、预备军军长。

*2. 刘佩高大胆陈情，仍获要职，带兵出征*

我改变了东军立场之后，在街上闲逛，途经军团部（东军作战司令部，在一大店内），正值张学良将军接见那些向他倒戈的将军们。在门口遇着两个熟人，即宋九龄旅长、高纪毅旅长，他们都穿着皮大衣，但都是面色苍白、精神恍惚的，向张学良办公室走去。不久以前扬扬得意的态度，立刻变成了行将就刑的死囚了！

据云，一些倒戈的将领见着张学良，都痛哭一顿，把倒戈的罪名都推到郭松龄的身上（当时郭氏夫妇已在老达房遇害）。唯第二军刘伟军长谒张时，张问："刘佩高（刘伟字），大帅这些年来，对你并不坏，你为什么也跟之反起来了？我给你打电话，你托词不接。今日之下，尚有何说？"刘伟稍加思索，很严肃地说："军团长（指张），自您任旅长以来，印信均交给郭茂宸（郭松龄字），当军长、

军团长以来，你根本就把军队训练作战、指挥调动、用人行政大权，均委之郭氏。我们当部下的，都认为您就是郭，郭就是您。当雷庄搬兵誓师之日，颁布的作战命令上，印发的张贴布告上，你是东北革命军总司令，郭松龄是副总司令。军人以服从为天职，叫我们干什么就干什么，叫我们打哪儿就打哪儿，哪个敢说不去？郭松龄倒戈，是您咎由自取，责任当由您自己来负。今天战事天幸结束，我们胁从的一群，但凭军团长处理！我刘伟绝不规避"云云。

张听之默然，在座的韩麟春军团长向张提议："这个人尚有骨气，可仍叫他带兵！"张接着发言："好吧，刘佩高，责任由我来负吧。现在冯玉祥部队，已由热河向我义县前进。郭茂宸给你的军长不能算数了，你仍带你原部队第八旅，仍任你为该旅旅长。赶快把士兵、弹药、粮秣、被服等军需用品补充齐全，克日出发，阻止敌人前进。你一定要完成这一艰巨的任务，以报答长官对你的宽大处理"云云。刘伟倒戈情况，就是这样结束的。

刘出发以后，张对其余将领，均予以适当安置。大家都安心愧悔地走出了司令部。但当时的确吓坏了这些叛逆的将领。他们都哭红了眼睛，出透了冷汗，可发一笑！

3. 焦团长陈说利害，拯救了自己，保护了全团，照顾了整个西军

当时所谓西军，即郭松龄统率的倒张的全军。所谓东军，即经张学良所新编练的新军。

另外，就是吉、黑两省的军队。统一在张学良指挥下，以抵御西来倒戈的郭军。

这些西军原系张学良的直属部队。当这些东军在西军失败之日，大缴西军之械。我在文会中学避难时，亲眼看见东军正缴炮兵团乔芳官兵之械，东军连缴带骂地说："你们这伙家伙，都是张大帅多年豢养的狼崽子。吃张家打张家，你们还有什么脸见人！"当时打骂交加之下，还搜官兵腰包。连团长乔芳的皮大衣都被缴去了。

吉、黑军队本来就痛恨平素趾高气扬的张学良嫡系军队。遇到这个机会，就肆无忌惮地大搞一阵。当时正面的西军，的确吃了一些苦头。但由各线迟到的西军，忽然停止缴械的命令突如其来地降临到他们的头上，真是感到万分的幸运！

情况是这样。缴械正在进行到某炮兵团时，团长焦某（名不详，他曾在东北讲武堂当过战术教官，做过张学良的老师。他的部队行将缴械）机警地跑到张学良的司令部，走进张学良的办公室。他以老师的口吻，向张学良陈说利害："你们父子所以能够掌握东北军政大权，就靠京榆驻军。你的直属队伍，现因胁从郭松龄倒戈，这些军队弹药武器及其一切装备，都叫吉、黑军队缴跑了。现在吉、黑势力增加，你的队伍相对地削弱。你们父子，今后还靠什么资本，再从事统驭全军、掌握东北军政大权呢？"

这位团长话尚未讲完，张学良即派人晓谕全军，自命令之日起，东军立刻停止缴西军之械。西军均在原驻地点停止待命，听候改编，并由东军司令部供应给养云云。

焦团长拿着张学良的手令及布告，张贴营门以外。因而东军就不敢向他们进行敌视与威胁了。这样成全了自己的焦团长，保护了全团，便宜了大部西军。焦团长真是智勇双全，能临时应变了。

不久，被收容的队伍，官兵都补了一个月薪饷，并专设机构，办理收容改编事宜。1926年春，这些队伍很快地整理就绪，就纷纷向临榆前进。在全军向京榆大路进行中，一战而徒涉滦河，再战而克复南口，使坚强的冯玉祥大军逃向大西北，东北军又恢复了原来的军容。张作霖死灰复燃地统治了半个中国，经历好几个年头。

# 郭松龄反奉最后阶段的回忆

郭希鹏

1925年，我在奉军骑兵第八旅任第二团团长，正赶上郭松龄倒戈反奉。关于这一史实的实际背景、本质意义，以及自始至终的经过，我不尽详知。不过，对于这一事件最后阶段的一些现象和战斗经过，我还能记起一些，可以为这段史实的编纂记载工作提供一些史料。至于其他，则不能臆想妄言了。

这一年9月上旬，我骑兵第八旅分别自奉天梨树、昌图、怀德各县奉命开驻京东三河县一带，屯兵十几天，又奉命开驻京东蓟县所属邦钧镇，驻扎了二十多天。在这期间，也曾听说驻在廊坊的宋九龄那一旅突然开走，我们颇生疑惑，但也不明其故。

在此同时，我旅军需处处长同两个团的军需官赴唐山车站领取人马给养。他们拿一份通电回来说，曾在唐山车站见到郭松龄反奉的通电。一时此信传遍全旅，众皆惊疑不定。我听到这个消息，马上去旅部问知其详。我旅旅长于芷山见我大生不悦之色，言语支吾，形色淡然。我不解其意，颇感不安，须马上表明态度，去其疑惑。

101

若不然，于芷山必定怀疑我与郭的关系，（怀疑）我受郭的影响，从而对我施加不良对待，对我大为不利。在这时候，我对于芷山说明我与郭松龄毫无瓜葛，只不过在1919年，二人同在讲武堂一个学期。我任骑兵科区队长，他任战术教官。第二学期，他便离开讲武堂，去卫队旅第二团代理其团长，此后再无联系。于芷山听这一席话，马上喜形于色，开始无所顾忌地谈起郭松龄之事。

他准备次日拂晓以前出发，撤往奉天，令我团做后卫以为掩护。我受命回到团部，召各营长说明郭松龄反奉属实，全旅须向后撤等语。令他们分头准备，听候旅部命令。

次日拂晓，以旅部同骑兵二十三团为先头部队，以我团和骑炮兵连为后卫部队，全体出发，向奉天撤退。每日里，晓行夜宿，行军辛苦，人马劳顿。整整走了十九昼夜，方经玉田、遵化，出喜峰口，经热河到达新民县附近。炮兵连军械沉重，行动迟缓，我团骑士只得牵马徒步而随。在这十九昼夜中，跋山涉水，更是劳苦不堪。

我旅自邦钧镇出发以后，旅长于芷山即派上尉副官刘泉山带兵一班，疾速往热河平泉县，将我旅出喜峰口经热河撤往奉天事致电张作霖。接到回电，表示欣慰，令热河都统阚朝玺迎接我旅。我旅星夜赶至热河，未见阚来迎接，询诸百姓，知阚撤往朝阳县。既到朝阳，又闻阚至义县。我旅遂离朝阳县，经县北兴隆山，遇地方民团阻止部队东撤，先头部队与之开火，民团溃退，全旅方过。随后驻在北票车站。

斯时当地土匪蜂起，人心惶惑。阚朝玺留守此地的步兵团，见土匪众多，不敢行动，约我骑兵团掩护他们，一同后撤。当与此团进驻义县时，又接旅部命令，言说郭军是晚攻取义县，不可宿营，当即转移。继续东撤六七十里，方脱离义县。一路积雪难行，驻下时已是深夜。

次日又至白土厂门，恰遇阚朝玺、汤玉麟在此屯驻。于芒山往见之。闻阚曾遣参议邱钟岳为代表往见郭松龄，表达了阚朝玺篡取黑龙江督军的意图，郭松龄不允，反责其交出两旅，以就总参议之职。阚朝玺自然不能应允。然又不愿同我旅一起阻击郭军，左右徘徊，犹豫不决，后来终于开驻昌图县八面城，伺机观望去了。

我旅驻白土厂门一夜，次日晨，继续东撤。昼日行军，直到黑山县新立屯镇，欲在此镇宿营。此镇守卫森严，拒兵进城，我旅只得于左右村屯宿营。众军士饱餐休息之后，继续东撤。

又次日，我旅开至新民县以北公主屯。正值张作相驻此，少谈若许，知他曾在山海关以东绥中县，以吉林步兵十五师与郭军交兵一战，其后驻此待命。我旅在公主屯歇息片刻，继续东撤。抵新民县东北高台子村，恰有穆春驻此，款叙间，知其本自热河赤峰县统领骑兵十四师撤至此地集结待命。当晚我旅亦露宿于高台子附近，众兵士浓睡一宵。天时未明，又过辽河至东岸烧羊皮褂子村。时值隆冬，天寒地冻，军无皮衣暖鞋，难以行动，即遣军需官赴奉天领取冬装，午后方回。正值旅长于芒山去兴隆店车站，见过三四方面军团军团长张学良而返。军团命令，调我旅一团接替驻在新民县西围子的骑兵十四团的防务，由我带领骑兵第二团受命前往。迫近黄昏，到达西围子。十四团团长张复（幼骞，又骞）交代清楚而去。我团便担起了此地的防务重任。

自邦钧镇出发，直到我团进驻西围子，其间未与郭军发生过正面接触。

我团身负西围子之防务，此时郭军正驻在新民县附近以西，与我遥遥相对。当时正值隆冬天气，夜风像刀子一样侵肌冽骨，子弹往来不绝，伴着北风飕飕。两方哨兵彻夜持枪警戒，目不交睫，虽身着冬装，亦将手脚冻得生疼。这样警觉百倍地过了一夜。

次日拂晓，登围子眺望，只见郭军密集部队，过柳河沟分三路向我方进攻。中间一路迎我正面挺进，左右两路分别沿新民县的东南方向和京奉线，往东前进。郭军来势猛烈，形势危急。我马上派遣上尉副官到新民县车站报告军团部，并将兴隆店车站和新民县车站的水泵破坏。同时又派一名排长领骑兵一班，往巨流河镇迎候旅部，告知王芝山以西围子情况，请他们即刻转移至兴隆店高地。再派一名副官到新民县东头令大行李车，向兴隆店高地火速出发。一切布置停当，我团立即撤移，往兴隆店高地转进。行至后门赶跑村，见旅部驻此，屯兵驻下。当天郭军开进新民县城里，是夜无事。

次日晨，我团奉命在军团主力之左翼，沿后门赶跑村至七家子之线上布防，并派第三营占领七家子阵地。这时正值郭军发动攻势，第三营营长马贵良前来报告，说郭军正以纵队沿七家子以东，向兴隆店方向疾进。我急令马营长速回七家子牵制郭军，使其向七家子转移，一、二两营也火速增援七家子，在此展开激战。炮哮马鸣，人声呐喊，烟火飞腾。昶日撕战到午后 5 时左右，红日西下，天近黄昏，我团子弹耗尽，万般无奈，只得脱离后门赶跑村，往北撤退，占领阵地。挨至次日，军团部以炮兵一连增援我旅反攻。我旅与此炮兵连持续前进，徐徐反攻，至午时左右，再度攻下后门赶跑村，迫使郭军刘维勇（刘维勇是旅长）撤走，缴获步兵一营，机关枪一连，迫击炮一连，同时俘虏郭军营长一名。

在我旅撤离新民县的当天，郭军的第二军军长刘伟和第三军军长范浦江，领二、三两军开进新民县。刘振东第一军进驻新民县以北铁道线一带，第四军军长霁云率军进驻新民县城东南大民屯镇一带。

我军由山海关撤回的张廷枢统领步兵一团，扩充为步兵第九旅后，占领兴隆店西北高地。富双英步兵十二旅沿第九旅阵地线左翼布防（该旅原是郭军三十四旅之一个团，郭军反奉，该团逃出，扩编为十二旅，与第九旅同归高维岳指挥）。张作相统领步兵十五师在新民县北门外车站一带占领阵地，共同阻止郭军。

次日拂晓，郭军主力向我正面进攻。张作相首先击溃了郭军第一军。其他各方面，战斗又经一昼夜，持续厮杀。当天夜间，我方又自奉天星夜赶来增援的张学成补充旅，投入激战。双方战斗异常紧张，炮火激烈，斗志昂扬，好一场厮杀！封天冻地一时为火药气息弥漫，枯树白草一时为战火烧得焦黑。

当时，又派吴俊升统领骑兵集团，由辽中县满都户向白旗堡迂回，扰乱郭军后方。该集团由穆春的骑兵十四师和万福麟的骑兵十七师组成，兵力雄厚，乃为郭军后顾之忧。

前后夹攻之下，郭松龄军队纷纷罢战。郭松龄坐镇新民县栈房，见前方怠战，急召军旅长会议，征之以决策，商之以再战。与会者原以军团空虚而参加倒戈，今见军团实力依然可观，逐渐气馁厌战。更复他们皆有怀故之隐，不愿奉军内部自相格斗。众军官皆相懈怠，在郭松龄召开的军事会议上，漠然处之，一个个如木雕泥塑，颓然相视，使会终以不得要领而告终。郭松龄见状知是大势已去，遂偕军部到白旗堡车站，伺机潜逃。

郭军全部缴枪投降，驻在锦州的魏益三预备军，见郭军溃退，亦自开至山海关。唯有郭军的霁云的第四军以栾云奎（栾星五）一旅在大民屯与我方坚持战斗，攻势凶猛。又有自后门赶跑村撤回的刘维勇之余部助战，使守在大民屯的富春一旅（本旅原籍黑龙江）支持不住。由汲金纯的步兵第九师在锦州以西连山镇胜郭军一战以后，急至此地增援。接着，又有汤玉麟的步兵十二师和张九卿的骑兵十三师，相继赶来增援，方将栾、刘击溃，全军缴械投降。

在新民县一战中，郭军方面曾向我方炮击，不论是"开花弹"或是"子母弹"，均落地不炸，我方官兵愕然莫解其故。后来听说，郭军参谋长邹作华曾暗示炮兵官长，勿予炮弹加引信。这倒不知是讹传还是事实。不过，从而可见郭军内部之离析。

郭松龄由新民县栈房到白旗堡以后，见自己的军队全部溃散，即遣去左右卫士，独自乔装偕妻乘牛车向东南老达房逃去，隐于百姓白菜窖中。正值王永清骑兵旅搜至老达房，街上拾郭名片，询诸当地老妪，方知郭之下落。赶至白菜窖，将郭唤出。一面解至烧锅（酒厂），一面报告军团部。张学良致电张作霖，张作霖派高金山带卫士卡车将郭解往奉天。杨宇霆从旁阻止，他对张作霖说到，解郭回奉，若遇郭军原部，恐有被劫之虞。张作霖闻之大憾，即令将郭就地枪决。郭松龄被枪射死，正是1926年1月4日。

郭军部下投降后，被张学良在新民县暂且安抚收容，不过半个月时间，郭军余部被收编 10 个大旅，军团部随后开赴锦州车站。我骑兵第八旅，后来奉命开驻锦州以北集结待命。

自 1925 年 9 月上旬至 1926 年 1 月初，大约 4 个月时间，我参加了这一事件的战斗，对于这一事件最后阶段的战斗经过，拣知道的，记叙下来，以供参考吧。

1963 年 2 月 8 日

# 郭松龄反奉续志

曹　纯

政治协商会议辽宁省及沈阳市委会刊行的《文史资料选辑》第一辑里，载有鲁穆庭先生《郭松龄反奉的片断回忆》一文，记述颇为翔实，惜至郭松龄出关以后的经过，则非常简略。这也难怪，因为据作者自述，滦州会议完了，郭氏即派作者前往平、津一带办事，一直到郭氏失败。出关以后的军事行动，他既未亲自参加，因而没有更多记载。我当时正在奉军穆春骑兵师第一旅三团三营当书记长，随军作战，亲历其事，特为补充如下。

王永清并非黑龙江军队。他是奉军穆春骑兵师第一旅旅长，另一个旅长姓徐（名忘记）。郭松龄班师回奉时，这个骑兵师正在热河方面作战。接到张作霖十万火急的电报，以一昼夜一百八十里的急行军，赶到彰武、法库战场集合。

## 一、连山阻击战

1925 年 11 月 20 日，郭松龄在滦州会议时，有张作相的儿子张廷枢（时为旅长）和齐恩铭的儿子齐家桢（参谋）参加。他们于会后，急向山海关第五方面军团军团长张作相告密。张作相闻讯之下，急将所部军队向连山方面退却。这时的兵员，尚有三四万人，即在连山迤北二台子、拉拉屯、笊篱山子、兴隆屯、影壁山、乌朝屯、官沟、龙王庙子一带，布置长达40余里的防御线。

12月1日，郭军五六万人，跟踪而至，即针对张军的防御线，在郑家屯、五里河子、刘台子、东西尖山子、北王屯、福寿屯、沙河营等处，构筑攻击阵地。

12月3日，郭军下总攻击令，鏖战两昼夜，双方死伤甚众，仍不见胜负。时天降大雪，深达二三尺，寒冷特甚，为数十年来辽西所未有，因而双方士兵冻死冻伤的也很多。郭军有炮兵连长佟德成，连山本街人，熟悉这一带地形，从白马石海滩沿南海岸，绕到张军背后，猛烈攻击，张军腹背受敌，全线为之崩溃，东逃西窜，纷纷瓦解。

## 二、沟帮子整编和进军营口的受阻

连山战役结束后，张作相收容少数残兵败将，沿着京奉铁路向东撤退，郭军也沿着京奉线，跟踪追击，前锋直达沟帮子车站。

张作相军团的阻击战，一败涂地，消息传到沈阳，张作霖大吃一惊。这时省城空虚，已无可调之兵。张作霖准备逃往大连，把20年来搜刮东北人民的金银财宝以及一切衣物用品，甚至火锅子，都用大汽车昼夜不停地输往南满车站，装车运往大连。假如郭松龄指挥大军，尾随穷追，未尝不可一战而下沈阳。

正像鲁穆庭先生文中所指，郭军班师回奉理由，并未向所部官兵作广泛的宣传，因之绝大多数官兵都莫名其妙。连山之战，虽然胜利，但兵心涣散，斗志不坚，趁机逃亡者也不在少数。加以收编张作相溃军，情势也比较紊乱，所以必须停止前进，予以整编。这就给张作霖以从容布置的机会。

张作霖在一次秘密军事会议上，采纳杨宇霆的意见，要求日本人出面援助，以实行二十一条为报酬，日本人答应了。一面调集万福麟、于琛澂、穆春等骑兵师，集结法库、彰武一带，由黑督吴俊升亲自指挥，作为张军右翼，伺机包抄郭军后方；正面在巨流河一带构筑防御阵地，由日本军一个炮兵连队，换着奉军服装，加入前线，帮助作战。

郭松龄在沟帮子整编，拖了 10 来天，才略为就绪。一方面，亲率大军继续前进，先头部队直达巨流河西岸，与张军隔河对峙。郭氏率总司令部人员，驻在新民县城，指挥前方军事。白旗堡作为后方兵站基地，枪、炮、弹药以及粮秣给养，都集中存放该处；另一方面，派霁云军长率全军向营口方面挺进，企图渡河以后，收复辽东各县及沈阳附近城市，使沈阳陷于孤立，张作霖成为瓮中之鳖，易于捕捉。


## 三、派齐世英赴日本乞援

郭松龄甫抵新民，即接霁云军长急电，日本军布满辽河东岸，阻拦我军渡河，又接驻沈阳日本总领事照会：在南满铁路沿线 20 里内，不许中国人有任何军事行动。倘敢违犯，日本军将采取断然处置。郭松龄看完照会，递给林长民（林系总司令部政务处处长），林长民见照会措辞不逊，亦颇为气愤，良久对郭松龄说："我们迟了一步，让张作霖走到前头去了。东北国际情势复杂，我们怎没有预作安排？"郭松龄叹口气说："我是东北人，当然也想到这个。不过，义师未动，先去卖国，这在良心上，是说不过去的！"两个人商量的结果，最后决定派齐世英前往日本乞援，并告诉他最大限度的允许条件。

那时的齐世英，还是不出名的小人物，和日本朝野上下，素少联络。到了日本以后，各处乱撞笼子，始终不得要领。最后有人介绍给日本陆军省情报局局长。这个局长，倒是老练狡猾，他对齐世英说："东北的事情，得现地当事人有报告来到，陆军省才能根据实况，予以适当的处理。我马上给关东军去电报，让他们汇报东北最近情况，等现地情报来了以后，咱们再共同研究，你暂且等一等！"这样，直到郭松龄全军瓦解，齐世英还在日本等待所谓"现地情报"（后来齐世英又蜕化为 CC 分子）。

## 四、谭自新的敢死队袭击白旗堡

郭松龄派遣的霁云一军，在辽河西岸受到日军阻拦，无法前进，徘徊田庄台、盘山一带，进退不得；巨流河正面战线，有日本炮兵增援，向西岸郭军阵地倾泻大量弹药，因而这一方面，也没有进展；尤其使郭感到威胁的是侧翼吴俊升所率的三个骑兵师。郭松龄平素轻视骑兵，认为现代武器昌明，骑兵的威力无法发挥，它在战争上作用不大，所以在各省骑兵里，没有安插进自己的私人。他为了弥补这个缺陷，曾经秘密派人，说服了吉林骑兵师师长于琛澂，撤回吉林省境，许以事成之后，让他接任吉督。于琛澂虽然接受条件，自动地退出战场，班师回吉，但吴俊升除他以外，还掌握着万福麟和穆春两个骑兵师，仍然是郭松龄的当前劲敌。

万福麟部下有个骑兵连长名叫谭自新的，锦西县人，幼年时曾因劫道杀人，逃亡在外，后来投入黑龙江军队，递升至连长。这家伙勇敢善战，不畏难，不怕死，在军中人们都称之为谭老虎，谭老虎献策万福麟，愿带敢死队百名，深入郭军兵站基地白旗堡，焚毁他的弹药粮秣，使其补给断绝，自然不战而溃。万福麟转商吴俊升，采纳这个建议，派谭自新带精壮士兵百余名，悄悄地潜入白旗堡，一声呐喊，把车站上的看守郭军全部消灭，即将停在铁轨上的弹药火车，尽数点着，于是硝烟蔽日，喊声震天，数十里外，都可以听着、看着，郭松龄的兵站基地白旗堡，完全陷于混乱状态。

## 五、郭氏夫妇被擒及其死亡

吴俊升接得谭自新攻陷白旗堡的报告，即亲率全军，从北、西、南三面，向新民县城包抄挺进。郭军前线军队听说白旗堡兵站基地陷落，弹药、粮秣被毁一空，因而军心惶惶，不可终日。又加上张学良的司令部进驻兴隆店，派遣多人到郭军里，做说服工作，郭军的中、上级军官，多数响应张氏。于是，在同年 12 月 25 日，郭氏巨流河前线五六万军队，都不战而溃，撤离阵地，听候张学良的收编。

郭松龄见大势已去，遂偕夫人韩淑秀，以及幕僚林长民等人，

郭松龄反奉见闻

只带卫队五六十名向辽中方向退去。中途，卫队被穆春师王永清旅长追击四散，到了辽中县境老达房时，只剩郭松龄夫妇两人，躲入民间白菜窖里，被王旅长部下搜获，解交新民旅司令部暂行羁押。

当郭氏西撤时，林长民中途受重伤，弃置道旁。王永清的搜索部队，见林小个，连鬓胡子，疑为日本人，恐怕引起交涉，遂带着活气，把他用秫秸、洋油焚化，借以毁尸灭迹。林为福建三林之一，在当时政治上是活动最卖力的人，竟死得这样凄惨，令人叹惋。

饶汉祥随郭到锦州，因为塞外天寒，忍受不得，即返回天津去了。还有郭氏幕僚殷汝耕等，在溃败当时，即逃往驻新民日本领事馆避难，以后由日本人保护脱险。殷汝耕后来充当伪冀东行政长官，为一著名的汉奸。

当郭松龄被羁押在王永清旅司令部时，余友李牲（shēn），适在该旅旅部充任上尉副官，也曾担任轮流看护郭氏夫妇的责任。他们还希望自己不死，尤其韩淑秀说，只要见着张学良，一切都不成问题。郭氏闻此，则低头不语。郭松龄羁押的第二天，张作霖派卫队团团长高金山乘汽车数辆，前来提解。可是汽车行至巨流河岸时，高金山即命令兵士，把郭松龄夫妇拉出枪毙，将尸首用带来的大板车运往沈阳。

郭氏夫妇是这样死的，并非杨宇霆矫命王永清枪决的。事后有人说，张作霖非要活的不可，倒是张学良顾念袍泽之谊，恐郭氏到沈后，横遭凶暴，故密令高金山中途处治云。

1963 年 3 月 7 日

# 郭松龄倒戈梗概

郭希璞

## 一、郭松龄的野心

### 1. 拉拢张学良

郭松龄的心志，欲夺取东北军政大权，预先得有军队。欲得军队，非得拉拢张学良（东北军总司令张作霖之子，称为少帅，任东北军军团长之职）不可。因张学良对其父张作霖（东北军总司令）说话，言听计从，所以郭松龄施展千方百计，拉拢张学良。因而，张学良向其父再三述说，郭松龄对军事有经验、有计划、有战术、有战略等等。从此，郭由初级军官升到高级军官，最后充东北军军团长要职。这是拉拢张学良的收获，亦是其野心得逞之一。

### 2. 多揽兵权

张学良虽是东北军军团长，但年轻贪逸，不理军事，故而张学良的第一军与郭松龄的第三军合并，先称一三联军，后改三四方面军，一切用人行政和作战计划与战术战略，并训练官兵及调动一切事宜等，均揽在郭松龄一人之手，张学良概不过问。两军共有 8 个混成旅，14 个独立团，有四五万军队。这是其野心得逞之二。

### 3. 去旧换新

张作霖基本旧有军队，多半不识之无，又乏战术战略。但随张作霖多年，出生入死，到处卖命，思想既不变，干劲又充足，而郭松龄说是不能作战。他曾对张作霖说："我（自称）替大帅（张作霖）设立军官教育班，选拔东北军各部队内优秀青年军官，与有文化的士兵，一律入班训练，使受军事教育，加速教导。毕业后，分至东北军各部队，教练新兵，收益实非浅显。再招募新兵，加速训练，使知战术战略。练成后，补充东北军各部队内。倘遇战事发生，方能有用。"其实，郭松龄实为扩张自己的势力，培养这些官兵，散在各部队内，倘一旦有机可乘，一呼百应，推翻张家父子，易如反掌。东北军政大权，即行到手。这是其阴谋之一。

当东北军总参议杨宇霆督江苏省与东北军军团长姜登选督安徽省时，郭松龄建议于张作霖面前，将旧有军队尽数分交杨、姜二督军带去，军费由他们自己想办法发放。东北军省下军费，招募新兵，易于训练与指挥。杨、姜二督军带兵上任，巩固地盘，暗中与大帅互通声息，这不是一举两得吗？但张作霖听杨、姜答复，云旧有军队我们二人带去，东北区内倘有捣乱分子作乱，或军队有哗变之事发生，恐新兵既不听调动，又不可靠，旧兵不在眼前，无法应付。无非为了军费浩大，我们二人尽力凑集。所以，张作霖未采纳郭松

115

龄的建议，这是其阴谋未得逞之三。

## 二、郭松龄的末路

### 1. 郭松龄倒戈起始

张作霖听江苏督军杨宇霆由江苏退回沈阳说，郭松龄居心阴险，终久必反，不可不防，故张作霖为其所动。但选一将才，实非易事，故密开军事会议，讨论对策。当场议决，考验郭松龄是否真有叛意。即令郭松龄军队（三四方面军驻天津一带），在三日内将冯玉祥（西北军总司令）军队（驻天津以西至张家口一带）打出张家口，看他打不打，不打即有反意。否则，令郭松龄返沈参加军事会议，看他来不来，不来即露反情。

郭松龄奉到命令正在考虑中，适其妻韩淑秀由沈乘车到津，泄露张作霖欲消灭郭松龄免去后患之秘密，于是倒戈之意已决。他一方面，见张学良述说老师（张作霖）听信谗言，对我（郭松龄）不利，本应请你（张学良）与我合作反奉，但子无反父之理。我（郭松龄）虽然受老师（张作霖）与少帅（张学良）恩惠甚大，但实逼此处，不得不倒戈反奉。请你（张学良）独身返沈，我不扣留，只要将所属军队尽数留下。而张学良想，军队大权既在他（郭松龄）手，调动不易，我（张学良）的命令又不灵验，弄出事来，恐怕还有性命危险，故此独身由津返沈，另想办法。

但到沈，既不敢泄露郭松龄倒戈事实，又不敢见其父面，在暗中托人疏通。至于郭松龄倒戈进行方向，张学良不知其详。

另外，郭松龄与河北省督军李景林、西北军总司令冯玉祥合作，以便倒戈时无后顾之忧。故带队由津退回滦州，计划出兵与改编军队事宜。

### 2. 枪杀姜登选与扣留赵恩臻等

在郭松龄军队到达滦州当天晚上，适有安徽督军姜登选（先前是东北军军团长）由安徽退回沈阳，路过滦州，被郭松龄派遣参谋长魏益三、副官长马昱朋等，邀到滦州城内，说有要事相商。姜登选不知郭松龄倒戈事情，故到滦州城内，未与郭松龄睹面。至夜后2时许，即被枪杀（郭恐姜到沈泄露倒戈事）。同时，即召集其他各师旅团长等二十余人会议，宣布倒戈事实。当场即将师长赵恩臻、裴春生、高维岳等二十余人扣押。旋即解送天津，请河北省督军李景林暂行寄押。同时他指挥军队，实行倒戈反奉。

### 3. 出兵情况

#### （1）军队的布置

共编五军，同时进攻沈阳。第一军与第三军军长姓名不详。第二军军长刘伟，第四军军长杨霁云，第五军军长魏益三。即时派第五军魏益三部队出发，向山海关沈阳方向推进。但当时山海关驻有张作相军队。第五军军长魏益三想消灭张作相军队，先派两个营在关外万家屯作攻势，以便夹击在山海关的张作相军队。这时，张作相已经知道了郭松龄倒戈的消息，因有旅长齐佐臣之子齐某，在郭松龄司令部充当副官，目睹枪杀姜登选、扣押赵恩臻等倒戈事实，秘密步行跑到山海关，报告了张作相。因此，张作相已经有了准备，和魏益三先锋部队即行开火。但张作相军队无多，倒戈军队由西向东，越来越多，诚恐抵抗不了，故退出山海关，打散了万家屯魏益三埋伏的两个营军队。又恐郭松龄进兵迅速，故将由山海关至沈阳铁道沿途水泵，均行炸毁，缓和郭松龄的进行迅速。

而郭松龄到山海关，见第五军魏益三军队被驻关张作相军队打得乱七八糟，溃不成军，故令该军驻在山海关收容和补充，编成完整军队。郭松龄只带一、二、三、四军乘车出关，向前挺进。但沿途各站水泵均被炸毁，实感困难。到车站上水时，均令民夫担水上锅炉。至锦州车站即派第四军军长杨霁云带队步行北上，去义县驱逐由滦州退下来的汤玉麟军队，并热河都统阚朝玺退下来的军队盘踞在义县的。第四军杨霁云军队到达后，适汤、阚等军队已向义县东北魏家岭一带逃窜。于是，跟踪追击。但到魏家岭，山路崎岖，实难行走，又经汤、阚军队将魏家岭下坡用水泼成明冰，厚有半尺，车马至此，破坏与死伤者尤巨。

经过黑山县到打虎山车站，又奉令过铁道向新民县一带进行搜索前进。其他一、二、三，三个军由铁道正面向沈阳推进。但沈阳方面已有吉林督军张作相与黑龙江督军吴俊升、汤玉麟，并张作霖基本军队，防堵要道，攻打实属不易，并出没在新民一带游击。

（2）郭松龄被枪杀

当军队进到马三家车站以西地方，而后方沟帮子车站与附近地方所储藏军火粮食等军需物品，均被张作霖军队王永清（匪名天下好）部下骑兵焚烧无存。退归无路，铁道被拆，步行实难。倘郭松龄克服困苦艰难，独身化装，随乱兵逃到山海关第五军魏益三处，收容溃兵，重整旗鼓，尚有可为。但郭松龄蒙头转向，又闻前线官兵投降者不少，惊魂失魄，于是同其妻韩淑秀并带卫队，改乘胶轮大车，逃到励家窝铺和唐家窝铺中间附近地方某家白菜窖内，被王永清部下骑兵拿获。奉张作霖命令，同其妻韩淑秀就地枪决，并将其尸体运到沈阳小河沿，陈在姜登选临时祠堂前祭祀外，并在小河沿暴露尸体。由此观之，郭松龄虽具有将才，但其心太野，以致如此下场。

## 三、郭松龄失败原因

### 1. 撤销高级军官与不顾士兵饥寒

东北军旧有军团长、军长、师长等各高级军官，均行撤销，改为旅制，直归总司令节制并指挥，免有调动不灵之患。故高级军官无有晋级的希望，指挥与干劲懈弛。至于军队士兵，在倒戈时正在旧历年前，值此天寒地冻之时，士兵均穿夹衣，又兼粮饷不足，故而兵无斗志。

### 2. 官兵不忘旧

旧有军官与士兵，向来吃穿饷等均由张家父子按月按季给予供应，今倒戈事件发生，良心上亦有点过不去，故干劲不足，甚至军队出山海关后，官兵即有多数逃归沈阳。如营长富双英带全营官兵，军长刘伟带全军官兵，炮兵旅长邹作华带全旅官兵，均先后投归张作霖军队内，因此才不免失败。

### 3. 出兵迟缓

出兵贵在神速。以迅雷不及掩耳之势，电光闪后，雷声即到之手段，铁道水泵不容其炸毁，沈阳防堵不容其弄成。沈阳旧兵无多，兵民恐慌，如果一鼓作气，迅速进兵，乘沈阳空虚，人心惊惧之时，冲入城内，大事可成。但计不出此，由旧历年前十一月末旬起始倒戈，至十二月末旬尚未进入沈阳，拖延时日，给张作霖将吉、黑二省军队调来、防堵完备的机会，这是失败的主要原因。

### 4. 紧急关头不理军事

倒戈发生，即是生命存亡关头。自己应兢兢业业，一切军事亲自料理。倘一失足，即将性命丢掉，哪能贪逸误事。郭松龄军队到沟帮子车站后，他即将一切进攻重要大事尽交其妻韩淑秀料理。郭松龄不闻不问，呆若木鸡（似乎得了精神病），非如以前精明敢干，坚决斗争。在紧急关头，贪图清闲，哪有不败之理。

上述郭松龄反奉倒戈事实，距现在年代较远，谨就记忆所及，叙述梗概，倘有不实不尽之处，尚希知者予以指正。

1962 年 10 月 15 日

尾批：

1. 拉拢张学良一段不实。系张学良的任用郭松龄，是由郭的苦干而得高级军官。

2. 一三联军的说法不实。8 个混成旅，14 个独立团，数字有误。

3. 军官教育班的设立，并非奉张作霖之命。

4. 郭松龄建议将旧有军队归杨、姜带去一段，不实。

5. （原稿）第四页，令郭打冯，调奉开会，都不实。

6. 郭军并未进到马三家以西地方。

7. （原稿）第八页，并未设姜登选临时祠堂。

8. （原稿）第九页，前三行，富双英非营长，刘伟、邹作华并未先带兵投归。旧年前仍改新年前。末第二行，尽交其妻韩淑秀料理，不实。

写稿人大概是在霁云军队工作，对于所说霁云军队行动尚有参考价值。其他无价值。

# 郭松龄反奉时我的所见所闻及其结局

王铭阁

民国十四年，1925年9月奉军第三次入关。韩麟春由东三省陆军训练处副监，编为第九军军长。我由该处秘书调充第九军部秘书，随同出发。开到古冶，暂驻在车站南，距离约三里。数日后，韩军长因父病危笃，请假回奉。越二日，闻车站人传说，多数军用列车，满载上兵，向东开始驶行。当时心中疑惑，前方尚未开火，假使兵败，亦不致如是之速。次日，亲到车站探询真相。不意遇着叶兵站长（原充训练处副官长，忘其名），当即告我实情。言郭军长带兵返奉，现驻滦县，意图驱除张氏父子，取而代之。昨晚，安徽督办姜登选专车经过此处，被郭军长扣留，即开军事会议，要求姜氏合作。姜氏面斥其非言：张氏待汝至厚，自应竭力报效，今竟倒戈相向，实属忘恩负义，绝不赞同。会议不欢而散，云云。

当时第九军部形同解散，一切失却联络，若再延迟，即有枵腹之忧。秘书处处长高崇已不知去向。仅我等五人急欲回奉，问其有无办法。伊言关外铁路破坏，不能通车，只有从天津绕道回去。汝等可到站等候，时有专车赴津。我即回家，收拾行囊，一同到站等候。历时不久，有某师长专车到站，由叶兵站长介绍搭车到津。次日，买妥船票，由大连返回奉天。

即往见韩军长。先问我怎样回来的。答由大连回来。又急问，姜督办消息如何？我答，被郭鬼子（松龄绰号）扣留滦县，详情不知。韩军长俯首无言。继而告我，现在整编队伍办公地址在鼎昌栈，汝等可前往报名，不久即要出发。当辞退，遵往报名，听候分配。

此时，省城市面萧条，人心惶恐。富户巨商，多在日租界内租赁房间，存放贵重物品，以保安全。尤令人注意者，大帅府内也用辎重车多辆，由军士持枪护送，将银圆箱子及贵重物品，连运两日，送至日租界内出资保险，使帝国主义者坐收厚利。可见军阀之贪，民性之懦，使人痛心。

张总司令正在无所措之时，黑龙江督办吴俊升带骑兵一师赶到奉天。不啻勤王师到，心有所恃，稍减忧惧，继又任张学良为第三方面军团军团长，韩麟春为第四方面军团军团长，成立第三、四方面联合军团司令部，组织就绪。我仍充秘书，随同出发。初驻兴隆店，继进巨流河。此时，已得确息，姜督办在滦县被郭逆枪毙，军民无不痛恨。又见河岸高处设有炮垒十几个。我想奉天炮队全由炮兵司令邹作华带至前方，今日此处何以有炮兵阵地？询之军部同人有知底细者，言此十四门小炮，系由日本军部借用以壮军威者。

是日晚间，双方接近，遂开战，但不剧烈。枪声时断时续，嗣由前线报告，富双英一旅投诚反正。当由军团部传令全旅官兵发给双饷，以资鼓励。连夜进驻新民县，隔两日，又传来捷报，言黑龙江骑兵已在白旗堡会师，截断郭逆后路，在火车上将备补省长林长民及不知姓名者数人击毙。郭逆避民户白菜窖中，被骑兵搜索残敌时将伊夫妇擒获。当即报告保安总司令部，请示如何处治。回电令将郭逆夫妇二人就地枪决，将尸身运回奉天，遂遵令办理。

次日晨起，张军团长传令召集所有官兵，在车站集合听候训话。大意谓，此次叛变，其罪全在郭松龄一人。既已就擒伏法，其余带队将校，以及士兵等，无论胁从愿从，一概不究，望安心照旧供职，迅速整理队伍，勿兹疑虑等语。转于传达所有随郭逆之军、旅、团长等，有化装为商人者，有为小贩者，有为豆腐匠者，形形色色，种类不一，脱却化装，露出本来面目，莫不相视而笑。顿时官复旧职，如废更生。斯亦倒戈一幕中之趣闻。

郭逆夫妇尸体，运到奉天小河沿。搭起姜氏灵棚，将二人尸体陈列左右，祭奠姜氏，以慰英灵；并照相片多张，发给前方各军队传观，用资证实，而安反侧。一场风波，幸告平息。而军团部遂进驻锦县，继又移往芦台及天津，最后进驻北京。而姜氏在滦县之灵柩，当时草草入殓。由总司令部派员另购衣衾棺木，重行成殓，运回姜氏原籍直隶枣强县安葬。给遗族恤金十万元，并建设姜氏免费小学一所，培育贫穷子女，以垂久远纪念之意。姜氏有知，颇堪自慰。

唯郭之倒戈意图，是否含有革命意义，抑或被人唆使利用，或专为争夺地盘，不能臆断。必得与郭密切关系者，当能下一定论。

北镇　王铭阁

尾批：

1. 1925 年 9 月，奉军第三次入关时，开始即组织各军团部，委

郭松龄反奉见闻

124

张学良为第三方面军团军团长，韩麟春为第四方面军团军团长。原文所说韩是第九军军长，非是。曾忆该时的第九军军长是为郭松龄。至三四方面军团部的联合组成，则是在郭松龄倒戈平复后，是对的。

2. 滦州站郭松龄召集开会后，即进驻昌黎。次日，姜登选专车到滦站被扣受害。姜、郭并未晤面，何来会议？不知此次两位会谈，笔者是否在座？

3. 巨流河两岸的十四门小炮据说是五八工厂的炮。偌大一个兵工厂，连十四门小炮都没有吗？吾想说，向日本军部借用者不确。况岂能借与人而不附以兵士者乎？

谨注　鲁穆庭

11 月 10 日

# 郭松龄在什么情况下倒戈的？

刘殿荣

郭松龄倒戈前后，当时我任东北长官公署东北战车分队队长。继任东北军二旅三十九团机枪连连长。因此，对郭的倒戈情由，略知一二，记述下来，供史家参考。

1924 年，曹锟贿选总统成功，东北张作霖出兵讨之。一军长姜登选，高维岳副之；二军长李景林，张宗昌副之；三军长张学良，郭松龄副之。总参谋长为魏益三，魏是郭的陆大同学。布置任务目标：一军为九门口，二军为冷口，三军为山海关。各军突破长城，集中滦州，企图大举进兵问鼎。中原战火，延绵达三月之久，到 10 月，直军大败。东北军势力进迫津郊。此东北军第二次入关形势。直军败后，曹锟总统下野。于是，西北军以冯玉祥、东北军以张作霖的名义，拥护段祺瑞出山执政。一面请孙中山先生北上共商国是。在此期间，东北军势力扩大，南到江苏，张作霖便任命杨宇霆为江苏督军，姜登选为安徽督军，李景林为直隶督军，张宗昌为山东督军，热河为汲金纯。此东北军第二次入关的形势。

唯郭松龄没有当上督军。可是，1918 年张学良为东北卫队旅长时，郭为张的参谋长。俟后新编东北军二六两旅，张为二旅长，郭为六旅长，实际郭掌握两旅军权，因为张对郭很器重，很信任。郭对张在表面上也很服从，唯命是从，命令下达时，时常是张的署名，郭的名章；有时郭的署名，而张盖名章。这给后来郭倒戈创造了条件。因为倒戈反张（张作霖）时，往军队下达的命令是张学良的署名。因此，也给郭造成独揽军权之主因。

1925 年 8 月，江苏齐燮元旧部白宝山驻兵，联合安徽倪道烺，反抗东北军，江苏失守，安徽亦相继陷落。江苏失守时，东北军十八师、二十师全军覆没。逃回的仅一师、二师的两师长。蔡树德、丁喜春被俘。在那时，对东北军影响很大，尤其郭的思想变化，急骤反转。在最初，论功行赏，各军长均获得督军职位，郭本意认张宗昌、李景林升任督军，而杨宇霆为张家食客，居然也被任命为督军，就很多不满。再加上姜登选督安徽，更引起郭的嫉忌。江苏失陷后，杨宇霆乘专车返回沈阳，也未得到张的应有处分。这时郭松龄正在日本东京参观日军秋操演习，未回。而杨专车通过时被郭军扣留。

9 月 1 日，江苏、安徽两省军队直抵山东境界。斯时，驻在关内的东北军队，在天津召开军事会议，有张学良、郭松龄、张宗昌、李景林，会议决定自苏皖进犯的军队由直鲁联军负责抗御。所有的东北军由郭松龄指挥，开赴京东榛子镇集结待命。这就是东北军队，分为两方面：一方面为直鲁联军，由张宗昌、李景林率领；另一方面是东北军，由郭松龄指挥。

在天津会议期间，郭松龄倒戈时机业已成熟。9 月 10 日，郭在天津敦请章太炎起稿作一份通电，电告全国。电文大意是，张作霖连年进兵关内，战火频仍，民不聊生，国将不国矣。松龄为保国安民，愿回师东北，保境息民等语。会议结束后，郭松龄一面部署队伍转移津东一带集结，一面令各师旅长齐集滦州开会（此时命令下达用张学良名义）。在滦州车站密布岗卡，以备劫夺姜登选专车。开会人员有陈再新、邹作华、魏益三、刘伟、范浦江。正在开会期间，姜氏专车适由安徽返奉经由滦州车站，当由岗卡截拦看管。郭把会议交给魏益三主持，他带着警卫径赴滦州车站北门外土埠，将姜登选提出就地枪决。

魏益三在军事会议上说：张作霖连年进兵关内，穷兵黩武，祸国殃民，本次会议为安民息争，决定回师东北，各保边疆，从此永息争端，化干戈为玉帛，同意者请各位签名。于是，各师旅长没表任何意见，就签了名盖章。这时郭已返回会场，公布姜的罪状，言奉总帅密令，姜之损人失地，罪有应得。而在场之人，呆若木鸡。最后，郭谓张学良，你与老帅父子关系，你可返奉，老帅下野，我保证他的生命、财产等语。而张学良只可听从，返回沈阳。

郭遂令部队返取山海关。这期间，各师旅长，均遭监禁，由郭另委亲信统带军队，十余万人，有如潮水径向山海关流去。

山海关守备为汲金纯师，望风而逃。但在退却时，将铁路大小桥梁均炸毁，损失惨重。是年冬雪过大，平地积有四五尺深，天气甚寒。郭的军队均由长江北调来的，棉衣未发，均着夹衣，加以天寒，兵无斗志。在铁路沿线，劫难而已。

10月，张学良返奉，大遭乃父责骂。而张学良无愧色，下令整顿在奉残余军警，作最后防御战。此线由巨流河东岸，沿辽河东岸，构筑工事，以御郭军。在郭军行抵连山时，有汲金纯部，及由教导队新编二团，双方相遇，激战两昼夜，汲军退却。（郭军）跟踪至沟帮子，队伍暂停。郭召集军队训话，大意是说：到奉天大家该休息了。从此，息兵养民，诸位可以安享天伦之乐。现在奉天各法团要求暂缓，以俟大帅迁出，恐市民惊恐等语。话后倒戈之真相大白，军心越发涣散。前进抵新民县，此时张学良纠合奉天城内残部及穆春骑兵师，迂回郭军左翼。郭军虽知，也不抵抗。

10 月 17 日，郭军进抵新民县。在饭店召集军官会议。实质在郭未开会之前，他的将领已与张学良密商妥协，而竟不知。开会人员有刘伟、范浦江、邹作华、陈再新等。会上，陈再新首先发言，他说："大帅（指郭），前方已支持不了啦！请大帅速做准备。"此时郭松龄掩面大笑说："既然如此，何必当初（何必在滦州会议时签字）？"众言："情况紧急，事不宜迟。请赶快想办法！"于是，郭不得已，只得用大车载他夫人韩淑秀与国民党策划队队长林长民及随从人员三十余人，直奔东南方向去。本意去大连逃遁，抵老达房，被穆春骑兵虏获于白菜窖内。同时，郭松龄及其夫人韩淑秀、林长民，当场就地枪决。载奉天小河沿，暴尸三日，以彰其罪。这就是郭松龄倒戈的下场。归纳起来，郭松龄倒戈主要有以下三点：

1. 郭松龄从任张学良参谋长起，即有篡夺东北军的野心。对张的绝对服从，有些地方表现出虚伪。对传达命令混用名章，即为以后倒戈亦能调动军队。而当时军权也确是操在郭的手里。郭认为东北军都在关内，东北空虚，唾手可得。

2. 郭对杨宇霆、姜登选异常不满，认为他们无功受禄，损兵失地。郭本张学良亲信，山海关战役有功，而未加封。

129

3. 郭本国民党人，恐怕一旦暴露，危险万分。平素看与他同死的国民党林长民，即可不言而喻。这是他急于倒戈的原因。而他的夫人韩淑秀也极力赞同他的倒戈。

1963 年 4 月 21 日

# 郭松龄倒戈始末

廊义安

郭松龄，字茂宸，原籍抚顺。保定军官学校毕业。学、术两科均见长。对于老年将领，不甚重视。与杨宇霆、姜登选、王永江更不相容。民国十一年奉直战，东北军败退。郭松龄与张学良的二六旅殿后，军容严整，敌军不敢追击。张作相、孙烈臣军，争先跑到滦河以东，修筑阵地。郭松龄后至，巡视认为修法不对，不合军事要求，乃另行计划修筑。南由海岸延长到喜峰口。吴佩孚以十五个师的精锐，想要突破这条战线，直抵沈阳。攻打半月，未能越过一步，兵力损失大半，始行停战。郭松龄的名声，由此大著。张学良倚之如左右手。全东北军改编训练，都归他掌握，将二六旅兵员武器，大事补充，改为三四方面联合军，成为东北之劲旅。

民国十三年秋，曹锟为总统，任吴佩孚为第一路总司令，兵出山海关；冯玉祥为第二路总司令，兵出北票。东北军迎战方酣之际，冯玉祥回兵倒曹，郭松龄进关，缴吴军十万于滦州，乘胜进逼北京，南抵江淮。张作霖得到镇威上将军头衔，权势更大。派杨宇霆督苏，姜登选督皖，张宗昌督鲁，李景林督河北，阚朝玺督热河，唯郭松龄未得地盘，心实不快。

张作霖未派郭松龄督军，并不是薄待他，正是特别倚重。他与张学良的联合军团，担任京榆驻军总司令，兵多权重，势力占东北军之半。张学良本少年纨绔，以打球跳舞为能事，一切委之于郭。

民国十四年秋，西北东南各省军阀相联络，欲逐东北军于关外，江苏、安徽两省失去。平津方面，亦甚紧张。郭松龄认为时机已至，与张学良商议，令其回奉，请示机宜。张果欣然从之。伺其走后，郭即召集将领在滦州开会。当场发表说，黑龙江吴督军反了，我们星夜回军，保护奉天。遂将齐恩铭、赵恩臻、裴春生、高维岳四个师长押起。

又以张学良名义，请姜登选速来滦州会议。姜正在山东布置军队，得信星夜来到。见情形大变，张学良不在，便知凶多吉少，大骂郭松龄忘恩负义，遭郭松龄毒手，拴于马棚之内，乱棍打死。

这时，张作相第五方面军司令部，在山海关天泰栈。有郭军参谋，跑来报告，说郭松龄正要火车，准备回奉打吴督军，下午兵车可到。张作相大惊，即时布置军队，将机枪连在站旁警戒。果然，午后两列兵车进站，问其官长开往何处，有何任务，答称奉郭军长令，援救奉天。张作相令其将枪交出，否则用机枪扫射，玉石俱焚。该旅长只得服从。

郭松龄得到消息，一鼓出关，势如破竹。这时奉军得到情报，张学良跑到锦州，与张作相研究对策。闻郭到达连山，手足无措，忙将铁道破坏，退回辽河，修筑阵地。飞电吉、江两省军队，星夜驰援。

郭松龄反奉见闻

郭松龄到锦州，停止七天，未即东进，给对方造成机会。原因是郭松龄知道张作霖情急时，必定求助于日本。趁此时间，派殷汝耕与关东军接洽，求其谅解。另外，防备由热河撤回的阚朝玺、汤玉麟、穆春、张九卿各军击其侧面。及探知这股军队，奔法库下去，随后郭松龄才催兵东进。这时，新民一带，阵地筑成，吉江军队都已到达。张学良、张作相、吴俊升等，胆子稍大。会议决定，吴俊升江省骑兵，由辽中界迂回白旗堡，破坏铁道，以断郭军的联络。其余各军，都在正面与两翼。此次战斗，郭军内部起了很大变化。

郭松龄在滦州会议时，说吴督军造反。及到山海关，又要求枪毙王永江、杨宇霆，即行罢兵。到了锦州，拍出通电，迫张作霖下野，交出兵权。他与张学良重新改造东北，以顺人心。现下真相大白。各军官兵对于张家，有故主之思。投降逃走，不乏其人。邹作华的重炮弹，射出不炸。

郭松龄见命令不出军门，三十六计，走为上策。与其夫人韩淑秀，换上农民衣服，坐牛车向南方逃走，意欲够奔南满路。行至辽中县满都户村，遇上黑龙江的骑兵排山倒海而来，急忙进入附近的菜窖中。人喧马嘶，一时过去，郭心稍定，以为可以幸免。未想到还有一簇骑兵在后搜索，入村打尖喂马。在草堆中发现郭的护兵，拷问说出郭在菜窖。

王旅长永清，将郭引出，安置于农民家中监视。电话报告帅府，说郭氏夫妇被擒，张作霖闻之大乐。赏了三十万元，大牛二十头，并令将郭的脚跟大筋挑断。消息真快，日本领事赴帅府贺喜，吐露保留郭的生命。张作霖灵机一动，说到前方报告，未敢定准，将领事搪走，即派高金山团长，率汽车队前去。郭松龄临上电车还说，

133

今后我愿当一个小学教员，能谋生活，军队真干够了。汽车行到荒甸，忽然停止。士兵纷纷跳下，郭松龄心里明白，说我三战榆关，功不在小。高金山说，这话对我说是白费。韩淑秀说，家雀子活老乌大也得死，我们还算荣幸，未看见东北父老当亡国奴。托高团长转达张汉卿先生，我家双亲年老，希望加以关照。高团长说好，保证能够做到。刑后将尸体运回沈阳小河沿示众。

郭松龄有古名将风，不怕死，不爱钱。每战身先士卒，同甘共苦，自奉俭约。充军长时，家在沈阳东关，租民房三间，半为卧室，半为客厅。设备更为简单。顾老叟一人做炊事员，兼应门户。常吃高粱米及豆腐脑，烟酒不动。冬季大衣领及帽子，均系麻质假水獭。电车自坐自开。汽车夫、马弁，一个不用。韩淑秀亦布衣蔬食，无金粉气，死之后家境冷落。张学良每念不忘，常加照料。新年佳节，为其父母送礼，未稍间断。九一八事变后，张学良对某要人谈话还说，郭松龄若在，东北或不到今天的情况。

1963 年 2 月

# 郭松龄倒戈

贾兰田

回学校之后，不到半年就毕业了。毕业我还列入前茅，考了个第一。你想在这许多不识字的当中，我还不是圣人吗？这时教练处的总办，不是张允孚，换熙恰了。当行毕业典礼时候，熙恰讲话，说这一期的成绩是很好。我曾办过讲武堂，就讲武堂的成绩也不能在这之上。但在我的想法，有这个学校，不如没有这个学校。有了这么一个学校，就多了一个学派。足见当时东北的军事学校的复杂了。

毕了业之后，本来是各回原部队。可是，我这因为考了个第一，为的鼓励将来，就把我留省了。省里新成立了个步兵补充团，团长是刘德全，中校团附是李文光。把我就分发到这团当少校团附。在长春成立，由各县要的兵。成立之后，就在长春训练，用为将来补充前方的。

那时，奉天出兵关内，吉林也出了一师人，是第十五师，大其名叫第五方面军，进往山海关。因为奉天郭松龄和张学良两个为第三四方面军，这吉林部队为第五方面军。十五师师长是张作相，第五方面军军长也是张作相。那时东北军取消师的编制，只以旅为最高单位。十五师原是三三制，由三个旅编成，这没法指挥，就设了个第五方面军部，实在兵权，还是十五师的三个旅。这补充团就是为它设的。

正在这个时候，郭松龄在滦州倒戈了。他这一倒戈，认为是奉天再没有军队了。所有奉天的主力精华都在三四方面军。这两个方面军军长，一个是张学良，一个是郭松龄。郭松龄外号叫郭鬼子。张学良的小名叫小六子。郭松龄倒戈的消息传到沈阳，报告张作霖，说郭鬼子反了。张作霖说，算他们一天鬼子、六子，没有好事嘛！

这时郭松龄的计划，把兵力一部分输送至山海关以里，然后全部转进山海关。用夹击的方式，将山海关驻扎的吉林军第五方面军，一攻而下，将张作相消灭。再就可以长驱直入地到沈阳，没有什么阻挡。所以，这天夜里，头一列车开出山海关到万家屯下车，当时驻山海关的部队怀疑怎么往回运兵呢？因此，就考察情况，也知道有点变化，但是不很清楚。可是，在火车站上已经做了准备，部署了军队。

至第二列兵车到了，就没让开，盘查。当时盘查出郭松龄倒戈预备围攻第五方面军。那时郭松龄不说是哪部分吉林军，他说是吉林第五方面军在山海关反了，奉令围攻。这一来，他这一列兵车就不许开了，并且要他们解除武装。及至下令他们缴械的时候，士兵在车上半夜迷迷糊糊。叫说缴械，士兵有的说什么缴械，不缴就开了枪。于是，站台上部署的机关枪就开始扫射。这一下，可怜那在车上无处躲避的士兵，就伤得很重。听说血顺着车板缝流淌。这以

郭松龄反奉见闻

上是我听说的。我也不敢说虚实。由此，山海关就开了火。有的说，那是先开出山海关外的兵力太少，要是多，这第五方面军就全部歼灭了。

此时，吉林就得到增兵前方的命令。这时吉林也没有什么兵，就是我们这新成立在长春南岭的团。再有山林警备队，旅长是赵维祯，这补充第一团就归他指挥。立刻由长春出发，到沈阳皇姑屯换车，到巨流河下车。指定的地点是泡子沿姚家大屯。第一线是由苦瓜山至高山子，及至到姚家大屯。热河的阚朝玺也带了步兵一团，由热河赶到。他在苦瓜山左右。

是日，即在高山子阵地彻夜驻守。天将半夜，前哨得了两个对方的外来的徒手兵土。他们说，我们是冻出来的，我们受不了。他们身上穿的是夹裤夹袄夹军衣，戴的是布帽子，穿的是夹鞋，一身夹衣服。当隆冬的时候，我们都穿的棉裤棉袄，都受不了，何况他们一身夹呢！他说，现在他们营部在哪，连部在哪。你们要去了，都可活捉着，都不愿打。这阵也都知道，郭松龄倒戈了。我们于是给他们两个弄点衣服，吃点饭，由他俩领头，直至他们的连哨及营部高台子宿营地。用袭击占领了高台子等地。次日，即在高台子守了一天一夜。可是这夜左翼后方巨流河方面，炮声很激烈。及至天亮，奉令向小民屯进攻。及小民屯攻下之后，即占领了新民。据说，吴兴权带黑龙江的骑兵师，抄袭郭军的背后。于是，郭军即令部队缴械。郭松龄也微服想要潜逃，后被吴兴权的骑兵师所获。由是，战争即结束。

据说，郭松龄在锦州曾休了三天兵。不然，就一鼓前进，沈阳可一鼓而下。当时的情形，在我看来，不是这样简单。那时，我们在皇姑屯换车，目睹日本兵驻扎在日本站以西，炮兵、野炮、重炮都进入阵地。据说是守卫铁路。郭军无论如何不许过南满路，想就是打到皇姑屯，他也进不了沈阳。

战事结束，我就随部队回了吉林省城。正好第五方面军也回吉林了。第五方面军因为作战，还正需要补充，由此就把这补充第一团全部补充了。剩下的军官，如是成立了一个军官队，由我担任队附，在吉林训练。这时旧历春节，在腊月二十二的下午，我也进城，买了点东西，准备过我这一个人的年。有的相知的，也送了点年礼。这在旧社会里，有的不办，还不行的。及至腊月三十的晚上，我接到军署室的电话，说你把军队的关防交孙作雨（也是队附，少校。我是中校队附），明天初一，你跟马团长到长春五十六团去接事。以我为五十六团中校团附。第二天初一下雪。初二由吉林出发，乘吉长车到长春。可是这一来就演了双包案。原来五十六团团长升了旅长。长春五十六团中校团附和团长是同学，照例团长升旅长，中校要跟着升旅参谋长，何况他们又是同学。所以，马团长才带我去长春接中校团附。

不知怎么这前任的团长、团附处得不相得，他也没领他，他也没去。这旧的中校团附听说马团长接事，是他在讲武堂上学时的教员，他就一直接新团长，接到下九台。马团长一看也没法。团长换了，团附没换，也不能撤差吧。可是他又带一个来，这如何处理，就为了难。

我也看出来了，团长的意思让我仍回原职。我想人家是晋级接事，我回去又把人挤下去了。我当时说，中校有人，我担任少校也可，我还不熟练，这团的教练先学学也好。如是，我接到少校的职务。

可是，这旧团附仍觉我在这，不大安心，也非常歧视。何况，他是讲武堂，我是教练处，在学术上也是两系。团长对我也觉着有点不好意思，主要是由中校降了一级，薪水上也有出入。因此，这团就立了个教导连，让我兼这个连的连长。并且，我就不在团办公，住在两下，各不相扰。由此，我又开始教学工作。

1962 年 12 月 11 日

# 王振民致辽宁省政协文史办公室的信

王振民

政协辽宁省委员会文史办公室负责同志:

接奉四月二十四日复函,敬悉一切。兹遵照指示,寄奉有关东北的史料稿件四份,计为:

1.《郭松龄和张作霖的斗争及郭的失败与死亡》

2.《关于张作霖被炸的点滴》

3.《关于吴铁城游说张学良的点滴》

4.《杨宇霆、常荫槐之死》

以上四稿,有的是当时听内幕中人的转述,有的是当时曾经目睹,请为审核。如果认为可以采用,并恳不要宣布我的姓名。如果认为不合用,即请原稿退回为感。

至于我的简单经历如下:

1923 年到 1925 年,跟朱庆澜将军曾在哈尔滨、绥芬河、横道河等处工作。1926 年初,在沈阳奉天省警务处任秘书。不久,即随张学良将军任县长、军法官等职。1929 年,又任同泽新民储才馆警察班少将教育长和辽宁警高教授等职。直至 1930 年再度入关为止，前后在东北六七年。你们如果命题写稿，我必就我所知，据实陈述，以副雅意。我因抱病，裁复稍迟，并此致歉。

    此致
敬礼！

王振民　谨启

1963 年 5 月 2 日

    又我的门牌是永兴里一号，不是五号。前函误书，邮递员颇费探问。

# 郭松龄和张作霖的斗争及郭的失败与死亡

王振民

1925 年，东北军驻山海关的统帅郭松龄与西北军的总司令冯玉祥互相结合，要发动一次对张作霖的政变。正好张作霖所派的安徽督军姜登选，由安徽逃回沈阳，路过山海关，被郭截获，即于车站枪杀。随即回师东向，要求张作霖下野。声势之盛，东北各省，俱为震动。这时奉军精锐，尽在郭之掌握。因郭本与张学良交好，在二人任旅长时，即把二、六两个旅旅部设在一起，联合办公。两旅官兵对张、郭的命令，同样服从，不分彼此。因为张学良以少年公子带兵，号称少帅，这时虽掌兵符，但不甚过问兵政。所以，大权都在郭手。一直到后来扩编成军，张、郭都任军长，但二人所统的军队，始终是联合在一起的。

但东北系的内部，原有新派、旧派之分。所谓旧派，亦称老派，大都是和张作霖起初共事之人，及为张所识拔倚重的人，如张作相、张景惠、吴俊升、汤玉麟、杨宇霆、姜登选、阚朝玺、汲金纯、王永江、郑谦、常荫槐，皆属之；新派则均为依附张学良的后起之秀，

142

以郭松龄为首，余如王树常、刘翼飞、富双英、邹作华、王以哲、缪澂流、黄显声、何柱国、鲍文樾、高纪毅、刘多荃、刘鹤龄、鲁穆庭、朱光沐、胡若愚、周大文、鲍毓麟等，皆属之。旧派是比较顽固的；新派是比较前进的。

两派之间，由于思想上的不同，趋向上的各异，平时即互相水火。当姜登选任东北军训练统监时，对郭松龄等，即裁抑甚严，故结怨亦深。此时，密谋既就，发难在即，而姜登选正好败于孙传芳逃回，郭即在榆关车站将其专车截获，枪决姜于站上以立威。一面回师东指，通电拥护张学良讨张作霖，迫令下野。

张作霖这时得到报告，知道郭军一路势如破竹，已经到达巨流河。那时省垣沈阳，并无重兵，手下只有宪兵和警察。张知大势已去，难以再做困兽之斗来挽救自己的命运，就把东北宪兵司令陈兴亚、奉天全省（即辽宁省，那时叫奉天省）警务处处长陈奉璋二人，召唤到他那大帅府内，对二陈说道："我已早备下野。这里有五万块钱的支票，你二人拿去分给宪警弟兄们。要他们好好地维持地方上的治安和秩序。"说罢，神情沮丧，举止错乱，拿了自己的图章，向所开的条子上盖印时，竟不向印泥盒而向墨盒内蘸印。一种意志混乱、惊慌失措的情形，已经不能再作镇定和掩饰了。这是我在给陈奉璋当秘书时，在闲谈中，陈奉璋亲口对我说的。当时内部的情形，为外间所不知。出诸陈口，当然是事实而可信的。

当时沈阳的情况是如此紧张，不想郭军方面，虽一路顺利地到达巨流河西岸，该河水流很浅，本来可以徒涉。岂知山洪暴发，一夜之间，水深竟至没顶，郭军因此不能即时渡河。等待拘集舟船和架桥等工作，因水势汹涌，非仓促可以立就。正在这时，黑龙江省的督军吴俊升已率领他的精锐骑兵，星夜兼程，赶到巨流河东岸，据险扼守，阻止了郭军的渡河。其他援军，也都先后到达。除协同向西岸郭军猛攻外，并以一部援军迂回出郭军之侧背，双方夹击。郭军原知沈阳并无重兵防守，以为一鼓可下，在前进的路上是没有阻挡的。因此，只想到胜利的一面，就放松了警戒。黑龙江骑兵的突然飞临巨流河东岸，阻断了东进之路，已出乎郭军意料，不免震惊，士气因之低落。更兼腹背受敌，遂致一败涂地，不可收拾。

郭松龄与其妻兵败逃亡到了白旗堡。搜索败兵的吴军部队，已经进入白旗堡车站和附近的屯子，郭氏夫妇无路可逃，乃潜伏在一个白菜窖内。不想又为吴军发现，乱枪齐发，郭妻当场毙命。郭氏本人也为搜索队捕获，后即被杀，并陈尸于沈阳大南关风雨坛姜公祠内，祭奠姜登选。这样一场惊天动地的武装政变，就此烟消云散，完全失败了。张作霖摇摇欲坠的关外王宝座，又稳如泰山了。张作霖因为感激吴俊升在他危难中出死力相助之功，对吴优礼备至，誓同生死。

当政变发生时，张学良处境甚为困难，遂托病不出。至此大部的溃散部队流窜在外，穷无所归。因为这一支人马，本是东北的优秀部队，各级指挥人员大部分是东北人，并且是青年中的杰出者。如果一旦为敌对方面收去利用，实足为东北的大患。只好仍由张学良来收降整编。对于他们随郭倒戈的罪责，只得本着胁从罔治的精神，一律不加深究了。

还有一件事，对于郭军的失败，也有极大的关系。当郭军动员东向以后，在进军途中，他的军需长鲁穆庭席卷军中所有现款，由间道逃亡，至沈阳后，将携来的巨款全部献于张学良。郭因军中无饷，士气涣散，作战不肯努力，此为失败的另一重要原因。故鲁后来极得张学良的信任，掌握东北军的财政大权，甚至造成军需系的小集团，都和鲁氏这一次的行动有着因果关系的。

1963 年 4 月 20 日

# 郭松龄反奉失败外交为其主要因素之一

陈裕光

1925 年冬 11 月，郭松龄反奉。在滦州会议后，指挥大军，马上出关。逾锦州，抵新民，前锋到达白旗堡，直迫奉天。大局岌岌，省城危在旦夕。张作霖见大势已去，紧急运送细软财物于日本站。张学良虽尚留在奉天，但是郭松龄是他的部下，又加参有饶汉祥、林长民、齐世英等国民党辈，故老将对其疑忌甚大。仅与杨宇霆等二三人谋划对策，是南走大连，做海外寓公；抑或是北去吉黑，召集旧部，卷土重来？二策举筹莫定，急电王永江省长，来作决定。

王到，对前两策均不赞同。主张求援日本，保卫奉天，自易转危为安，不过须附有条件。老将首肯，杨亦赞同。令王马上前去，全权处理。王立偕顾问日人岩间德也（南金书院院长，与王交甚笃），会见奉天日本总领事（可能是船津辰三郎，记忆不清），条件草成，主要：（1）日本出动关东军，以保护日侨为名，在南满铁道两侧二十里内，不准郭军进有一兵一卒，违者武力缴械排除。（2）割让海城、盖平、复县、金州四县与日本，并亟将这个条件电请关东军司令长官（可能是儿玉秀雄）批准，立即电知新民日本领事。将这个条件第（1）款通告郭松龄知照，郭军闻悉南满铁道两侧二十里内，不准进有一兵一卒，违者武力缴械排除后，内部将领失望，兵心涣散。外部保张军队进攻气盛，尤其是黑龙江骑兵旅，追到眼前，内外夹攻。郭松龄反奉遂以失败告终。

这些事实，裕光亲闻之于高钧阁前辈。高是参与王永江省长帷幄之人。高说完前述事实，又尾示曰："此事不要向外人道，以免招祸。"因张作霖为一代枭雄，处事有冒大不韪时，必多方压制和否认，绝不容许泄露于外，有失人心。对日外交亦不例外。在情急事迫时，则许愿；迨事过境迁时，则食言。此为老将之所以有今日。

在郭军结束时，奉天省议会会长范朗清同张星南晋谒张大帅，表示庆祝意思。在相互言谈中，范无意涉及割让海城南四县事。大帅勃然大怒，怒其揭露密约。追问范，你听谁说的？范则惊慌失措，不知所对。张星南在旁鼎立缓颊，见大帅怒稍解，随同范唯唯退下。大帅欲弥缝隐事未究，唯每届议长满期，均有下台，独范则无。此事又亲闻之于张星南业师。由斯亦证高言之无妄。

又张本政等为纪念王永江省长功绩，建铁龛公园于金州南门外。举行落成典礼时，高钧阁前往参加。回辽时，携来《落成志》数册，嘱为送交赞助人于祥轩等，余当披读志内"先君事略"，载有这么一段话："郭军倒戈，大局危急，省城忧在旦夕。先君一人谋划，转三省安危于一发之间。"问高此指何事，当答以暗指某事，即前所述之事，似成为公开了的秘密。高钧阁、张星南两人平素均是重视信用之人，所言当非虚构。今并揭示，尚望知者有所订正。

# 郭松龄反奉之起因及其失败之原因并简述其死

陈纪新

关于本题，只就个人所知，分三个阶段，缕析言之。

## 一、反奉起因

其起因是，当郭松龄反奉前两旬，奉派去日本参观秋季大演习。在东京时，会见日本权威者，得知日本对于东北地区，虎视眈眈，早晚必行发动侵略。又得于日本参谋本部长，在谈话间流露出来的说法，日本帝国抱真诚亲善态度，互相共处。可是，现在重点要求东北执政者，予以特殊之利益，这是必要的，也是少不得的等语。复于观操总讲评时，受了日人藐视。因此，事毕回奉，面见老帅张作霖，将观操经过情形报告完毕。当经陈述日本对于侵略东北的野心，日甚一日，在我方应立即筹以对付之决策，以资保境安民。根据我个人意见，最好将现在关内军队全部撤回关外，依山海关自守。实行军队集中，从事新的训练。而政治方面，亦须大加整饬，如此

郭松龄反奉见闻

改革军民政治，蓄养精力，料日本也未必敢于轻举妄动。况且，我军两次进关（琉璃河战役一次，山海关战役一次），并未取得有利条件和成果，徒为关内人民憎恨白帽子军队而已。张作霖听罢，认为有理，遂说好吧，我再考虑考虑，你可回家休息休息。

郭松龄回到自己宅中，正在饭后会客时，即接帅府电话，促其进府商量要事。郭到府时，见杨宇霆在座。郭则暗想，老杨先我到府，我向老师所说的话，必被推翻，事成泡影。旋听老帅说，我军即已入关，命你赶快到前方主持一切。最好于布置完了便向敌方进攻。可别忘了奉军是你一手训练的。事属急迫，请你就走，我将命令送到前方。

郭退出后，自思东北地区，处在如此强敌压境，危在旦夕，尚不作正当打算，日后如何得了？杨宇霆私心过甚，仍要祸乱关里，还想做督军，真是无耻！前者督江苏时，气概不可一世，唯我独尊，招致孙传芳之袭击，以带两师之众（邢士廉一师，丁喜春一师），并未指挥拒战，私自逃回，而老帅仍然偏听偏信。若是内战一起，就是加重东北人民负担，好吧，我必设法解决这个问题。由此，产生了反奉的心理，这可以说是唯一的起因了。

## 二、失败原因

其失败原因，括而言之，有以下十端：

当郭松龄到天津时，即称病进入协和医院，秘密与张学良、李景林磋商抵制日本侵略东北的办法，说明再不能拖延下去的道理。又说，我的意思是把东北军队全部撤回关外，开始整军经武，刷新吏治。此种办法，老帅必不认可，我也想出相当主意，请老帅下野，颐养天年。统治东北大局，唯有拥护汉卿（张学良字），负兹重任。东北人民见仍是张家掌握政权，自然是无有异议。借此将老帅所用老人物（指张作相、吴俊升、汲金纯、汤玉麟等），使其下野，杨宇霆、常荫槐等一概裁撤，免其日后诸多窒碍。这是保卫东北之好办法。不然，我军多在关内，看家力薄，谁能保证日本不出兵呢？倘或东北沦陷，宿根断绝，而在关内者，又当如何处置？如果以我的话不相悖谬，那么我们就应该决定下来。

彼时张、李表示同意（又一说，张不反对者，恐被郭扣留），并拟定东北军撤防地区，由李景林派队接替。而此时西北军将领鹿钟麟等，由北京赶来天津，向郭松龄接洽一切，并由北京各处补助东北军开拔费及其他物资。时郭松龄去德州兵工厂视察，主要是会晤姜登选（姜暂住德州）。迨及见面后，郭以言语探知，不能向姜道诸本意，乃返天津。

接到老帅日与数电催战，而郭并未奉令施行。而老帅又用百万火急电调郭松龄回奉。郭对张说，我要回去，前方事务如何进展。张说，我先回奉观察一切。而在关内东北军，奉郭命令退至唐山、滦州一带集结。随在滦县召集旅、团长以上皆参加会议。郭松龄在会讲话，大意说，此次我军开回东北，是保卫东北长治久安，不等于倒戈。今后由张学良接替老帅职权。可是我无不良野心，况我生平无子，不作打天下之妄想。只是东北好，我就心安。诸位同胞，谁不想在历史上留得光荣事迹呢？

讲话毕，征得全体同意，随即通电全国（署名张学良总司令，郭松龄副司令）。首派殷汝耕去大连，向日本关东军商洽一切。微闻殷会关东军司令，谈得无有结果，竟在大连等由东京来连日方要人，再行进谈一起。焉知此时，亲日的杨宇霆，开始恳求关东军帮助张作霖军事动作，许日修筑吉黑铁路，并掘矿权（此事在郭失败以后，日方要求履行，而张借口奉吉黑议会不同意，搪拒之。嗣后，张之被炸，亦有关系）。殷汝耕既未取得关东军表明正式态度，贸然致电向郭报告云，关东军并不干涉东北军事和行政。此其失败者，第一原因也。

在滦州枪杀姜登选，惹得部下之歧视，一致异口同声地说，鬼子（是郭外号）究竟做出鬼子事来，令人寒心。此其失败者，第二原因也。

在滦州调动官长时，将炮兵司令邹作华调为总司令部总参议，所以后来在巨流河作战时，炮弹不上信管，当然不炸。此其失败者，第三原因也。

在锦州驻军多日，（整备服装）并未及时东进，与东军（指老帅方面）相当筹备时间。此其失败者，第四原因也。

郭松龄平素不注重骑兵，所以未将驻在三河县骑兵第八旅（旅长于芷山）扣留，私自退出喜峰口，经过热河，投入东军作战。如果将该旅令调滦州附近，撤换旅长，令全旅加急东进，先入奉天接收，而东军无力抵抗，张作霖唯有一走而已（因此时吉黑军尚未开来。杨联日军，又未成熟）。郭失此招，以致演成日后情势。此其失败者，第五原因也。

阚朝玺由热河退出，将军队在义县以北屯集，派员到锦州向郭求附，郭则却之。意在阚是老帅提拔之人，别于中用事。殊不知如允许归附，令其由昌图或开原越过铁路，向沈阳推进，驱张出走，而郭计不出此。此其失败者，第六原因也。

151

当郭在滦州时，张学良由葫芦岛乘东北军舰驶至北戴河，邀郭前来谋面，解决未来诸问题。在郭就该赴约，方见拥戴张之真诚意义。拒之是无有情理，只能引起张不信任前言。此其失败者，第七原因也。

郭于巨流河布置军力，分三方面。以刘伟军为正面；霁云军为右翼，在京奉路迤南，南至大民屯；范浦江军为左翼，在铁路迤北，北至公主屯。似此，只能攻击沈阳西面。假设调一旅，偷过南满铁路，攻击沈阳东面，而张作霖尚有如何办法抵抗之？此其失败者，第八原因也。

白旗堡突遭吴俊升奇袭，郭并未予以敌人打击，按兵未动。此其失败者，第九原因也。

巨流河攻击两昼夜，无有进展，就应该另设别图，而郭召集前方旅长以上人员开紧急会议。在新民县大车店内总司令部，郭开言便向各将领说："以我具有优越兵力，竟不能击退东军，这是诸位多抱观望之所致。可是，回奉的好处不是我个人的好处，乃是大家全体的好处。"郭言毕，并无一人发言。郭又说："大家如此做作，我可一走了之。军队皆由刘伟军长统带，再交予汉卿。"这时有旅长陈再新发言："我看总司令不能走（郭到新民自称总司令）！可将军队退回锦州一带，待明年天暖，再回沈阳！"郭不应从。时在午夜12点。骤间下令："预备大行李车，我决心走去。有愿从者听。"唯有饶汉祥、林长民等，须一同走（后饶由一排长护送回到天津，而林死于半途矣），并令一连学生队护送。刘伟说："学生队武力不够。由我军派预备队一营，随从保卫，多带给养。"于是，仓促之间，离开新民，沿大民屯东南急进。此则一去，受制于人，难以挽救。又郭松龄平素待人，礼貌周全，无有疾言厉色之时。自从滦州通电以来，态度反常，对待部下，呵斥谩骂，令人不堪，致遭其离心离德。此其失败者，第十原因也。

综合上述各原因，其重点，不外用人不当，枪杀名人，信心过甚，藐视敌人，前方情况不明，调动失宜，在在皆是失败之关键也。

## 三、简述其死

郭松龄由新民出走，是在夜里1点钟以后。及走到老达房身时，天尚未明。因天气太冷，下令在此休息和取暖。忽由哨兵报告，发现敌人尾追到此，就要进屯。郭令大行李车随员等马上出发，因韩淑秀不能骑马，故郭亦未乘马先走。正要坐车赶路，枪声顿起。据护送刘营长意见，立即应战，将来追者击退。郭说不好，你可留下一连。你赶车带队先走，向东南方向前进。

此时，来追者是穆春部下骑兵旅长王永清的一营兵力而已。闯进村屯，搜索知郭军车辆队伍，已走去矣！即派该营紧追不舍，遭郭护送队之反击。郭见情况迫切，催韩淑秀下了菜窖。被一个追兵在郭休息院中拾得郭的名片一枚，报告该王营长，带兵一排，细加搜索，得知郭已下菜窖，便对菜窖口打枪。郭在里边说："不准打枪，我就上去！"

当出窖后，王营长致以军礼。郭将自用手枪一指说："我用它不着，送给你吧！"穆春得信，骑马前来，向郭言曰："司令很好？"郭答："这事没有什么，不过是来一次实弹演习！"转向穆说："请您寻点大烟来，好叫我的秘书吸用！"穆答应。就在此时，用电话向张作霖报告，张首先说，把他的大筋挑啦，赏钱五十万。穆说，郭随大帅多年，未便如此处治。他如跑了，我穆春负责。张说，好吧，听我命令！穆放下电话，即同郭来谈话，并极力安慰。郭食少许粥，见外面来了两辆载重汽车，押车的是高金山。

见郭言曰："我由省来，老帅请您去见。"郭闻言，向穆春说："我须要见老帅谈一下。目下我与汉卿写封信，能行吗？"穆答："请写！"只写几行，韩淑秀便大声痛哭，郭说："你这是何苦！使我精神不快！"再往下写，听得前后监视者骂曰："到此时，还摆臭架子呢！"郭则把笔一摔："我不写了！"问："就是这样走吗？"高金山说："戴刑具见大帅，比较好！"由车上取下大木狗子（此刑具像大车胎子）。郭坐着戴不上，随说："我得躺下，便易戴了！"

韩淑秀坐在前车，郭坐在后车，由老达房身向东开行。通过小苏家屯有东西沟筒一道。当进入沟筒时，车停止不行，高金山说："车子坏了，大家下车吧！"此时郭已明白，说："好，此地倒也不错！"并说："过去我待那位也不薄，请向这儿打（用手指胸膛）！"话未说完，韩淑秀中弹向前扑到。郭已连中七枪，命已不存，气已绝矣！

其夫妇尸首暴露万泉河畔，小河沿之中。噫！从军半生，致落如此结局！乃是自作自受，于人何尤？先是在老达房身，如听信刘营长出以反击追兵，而郭就此机会，可以走去，未见必死。

作者又一回忆，当时郭松龄出新民，不向西方走去，偏要取道东南，再乘南满车去大连。此时日方已在铁路线上严加警戒。郭到，则是飞蛾扑火。看来，郭诚误于殷汝耕之手，毫无错疑！

1961 年 9 月 3 日

# 回忆郭松龄反奉，
# 张作霖赔偿绥中人民损失的经过

达 三

1925 年 11 月（旧历十月十四日）间，郭松龄向张作霖倒戈反奉，统率镇威军第三四方面军及归其指挥的其他部队，共大军 7 万余人，由河北滦县起点，分兵两路，一路由京沈公路疾进；一路由火车运输，沿铁路线出山海关向锦县前进。

第一列兵车进山海关时，为该地驻军镇威军第六方面军军团长张作相所部第十五师所阻，迎头痛击，郭军损失极重。双方激战甚烈，但以众寡悬殊，十五师向关外溃退，且战且走。郭军乘势追击，且追且打，由绥中过境。未容稍停，径渡六股河向兴城逃去。而郭军在后尾追，渡河后即回军城内。因为一日间之战斗，全部士兵饥渴太甚，时在深夜，虽系初冬，已天降大雪。士兵未穿棉衣，追击敌人，徒步过河，鞋袜全湿。因此，到城后，有门即进，深入民宅，找棉衣，换鞋换袜，找粮食吃物，进而翻箱倒箧，见物即拿。而民户家家，丁壮供役使，妇孺哭号，老弱奔逃，呼男唤女，声极惨苦。

155

加以步行出关的郭军大部，继续进城，牲畜车辆，塞满道途。人不得顾，车不得赶。但闻人声嘈杂，枪声时有。盖在深夜之中，军无纪律，抢掠奸淫，开枪示威。城的西门里西北角住户王少亭，竟于是夜被枪伤身死。消息传出，众议哗然，人心惶惶，莫知所措。总计，是夜过境队伍，随来随走，不下 10 万。而民户家私什物，抢掠一空，缺衣少食，无人过问。似此两三日后，郭军大部东走，城内尚无驻军。当此兵燹浩劫之后，人民生活只好苟延残喘，静待后图。

时县长董阳，因不堪军人之苛扰，已离职逃去。遗职由第一科科长华启文代理。虽经将灾情上报列宪，迄未接到任何指示。及过多日后，郭军失败，夫妇正法，张作霖为巩固他的统治地位，乃复收拾余烬。一面将军队重新编组，仍由张学良统率进关；一面为收买人心，所有郭军经过蹂躏的地方，均责由各县地方负责调查损失，准备赔偿。以绥中灾情奇重，特派大员袁金铠（军署参议）、席聘卿（电灯厂厂长）二人，于 1926 年 2 月间（旧历年前）来绥调查，下榻地方储蓄会内。

时绥中县代理县长华启文，已奉省令委为正式代理县长，与当地士绅张凤阁、赵文魁等协商，公推张、赵二人负责招待。张为绥中地方储蓄会会长，所有关于招待方面用款，均由储蓄会先行垫支。袁、席二人住该会内。一日两餐均摆上等鱼翅席。其他生活用品，如纸烟、大烟、鲜货、点心，无一不备。而地方各单位人员及各地区办事人，凡出入招待所的，均可以随同吃酒席，抽大烟。

袁、席二人，于到县之次日，即召集各区负责人（当时是各区区长）及农、教、商（法团）各会长，开会讨论损失情况及估拟损失数目。当时决定损失数目为 500 万元，内中关于贵重品（如银洋、金戒指等），只可罗列，不可能全部赔偿。属于生活必需品，如食粮及粗布衣履等项，及所有生产资料，如牲畜、车辆，方可以酌为核定赔偿数目，也不是报一元赔一元。

通过此次会议，所估拟损失数额，由县造目清册，手交特派员。其实册中所列，多系捏造，殊少核实。二委员不知底里，均已电禀督辕。因旧历年关迫近，随即返沈。于二人起身前夕，张凤阁以兹事体大，二位特派员回省复命，为了他们见大帅多说好话，就可以多拨款额，乃主持购买冻梨 8 包，每包内装置大烟土 100 两，共计 800 两，嘱赵文魁（赵系商团队长）派商团二人，随车押运到沈，分送二委员公馆。

延至 3 月末旬，县署接到帅府电示，准拨损失费 35 万元，款已由东三省官银号拨汇到绥中分行。仍派委员袁金铠、席聘卿二人，到绥监视发放。袁、席二特派员于 4 月初到县。这回招待所设于教育公所院内。袁、席到县后，经华启文、张凤阁向其言，已拨之数不敷分配，恳其专电再请续拨若干，以资救济。袁、席二人已有前项送礼人情，乃慨允，而电张大帅请示。于奉复电，许加发 15 万元，前后共计 50 万元。款已饬由官银号照发矣。

此项巨额钱款，当即由县具领，另存备用。当时代理县长华启文科长，与张凤阁关系极密。此番代理县长，凡事皆由张主持。而全县八区区长，遇事皆已听命于张。法团方面，农会长杨闰生系张所扶植，凡事不生分歧。商会会长周世昌是张亲戚，听命到底。教育会会长高凤文，兼任省议会议员，与张合作。因此，张之威望，与日俱增，操纵全县一切大权，一般舆论称之为"大总统"，盖谓事无大小，非张认可，你办不通。反言之，张想办之事，其他人不能阻挠也。

这次损失费，张认为数额既大，颇是贪污机会。虽有省派大员监临，但可以把持蒙蔽，应付过去。而袁等官僚，习气太重。每日不出室门一步，只听取华启文、张凤阁一言报告而已。因此，张乃得大显身手，运营大贪污手段。计全县八区区长均到县城，各区均指派与张有关的头前办事二三人等，随区长一同来县。每日出入招待所，吃吃喝喝，均和委员一样。而正事则不必过问，即问也得不到真相。只好听命于区长之安排，而区长听命于张、华。

全县形势如此摆列。关于这项损失费之分配办法，商户损失较轻，应得数占全额三成；城内住户及各区零星损失户，占全额六成；所剩一成作为招待费（即 50 万元提出 5 万元）。先由各区及商会以印领，按分配成报领出（领据为案）。

然后，由张在幕后操纵。先由各单位领到款内提出 20% 作为办理平粜之用，算各区自愿。由县责成商会负责，拣选精明商人，由外地购买粮食，到县低价出售，借以平抑本地粮价。

另由士绅出手监临（张凤阁），再提出现款 14 万元。因兵灾之后，春耕可虞，专以此款作为春耕贷款，以便接济农民春耕，秋后还本。这也算各区自愿。招待费提出 5 万元。所余 11 万元，由商民分别实领，作为赔偿损失之用。

轰动一时之赔偿损失一事，竟在这黑暗蒙蔽中，草草了事。事后侦知平粜款于购粮到境后，仅贬价售卖两次，即化为乌有。而春耕贷款，正拟办理手续间，适逢省会以绥中灾情奇重，由省署拨到春耕贷款 20 万元。因此，乃将所预提之 14 万元，阴寝其事，另照省会办理。这笔钱也无形消灭矣。以上这些真相委员竟不知也。委员所知者，只各单位印领所载应领之数。查核相符，一切均由县方负责，于事竣后即回沈复命去矣。

总之，这50万元巨款（当时奉票1.5元可买银洋1元），发到商民身上所得的只11万元。这11万元中尚不知遭到几层贪污和剥削。真正到人民手里，尚有几何！可见，当时政治腐败，处处漏洞，赃官劣绅，交相为用，以人民为鱼肉，层层盘剥，任便宰割，无人过问。良以洁身自好者，避之不暇，绝不出头。劣绅之流，想借端敲诈，冀达分肥之愿望。一经当事者假以辞色，少赐分润，亦均适可而止。当时，张筱泉、张步云两人，曾声言到省告张凤阁，人心为之一快。然不久即秘无一言。事后询知两人各得贿款2000元，所以了事。此类人之行动，全从个人利益出发，无怪其然。

是年5月间，代理县长华启文调省，离县时携走现款10余万元。他在任共6个月，何来这样多的钱？分明是由损失费贪污所得。而张所得当比华要多出一倍或两倍也。何以言之？张于是年冬，广置田产，五个儿子每人分出好地五垧。另于城内西门里营造华屋，说小女人，带其第五子（即张鸿谟），在城内居住，并在附近盖起民房多间，专供吃租。弄得房有房，进项有进项，享受上等生活。总计产业所值不下三四十万元。虽由贪污而来，而人但羡其荣华富贵，在那种腐败社会里，有谁能说句公道话，说你的钱来得不正呢？

最可笑的是袁、席二委员，本是奉张作霖之命，来监临发放款，每日住在招待所内。袁则以名士自居，有人过访，即畅谈经书，讲中庸。没人时，则代人写楹联，接得满屋都是宣纸。晚间很早就入睡，外事不问。席则清早起，即榻上横陈，吞云吐雾，大抽特抽大

159

烟。每日两餐，均得酒席摆好，请至三五次，才能起身入座。饭后还是抽大烟。到夜间点灯后，大有精神，找人打牌，竟夜不辍，天亮方睡，更无暇问及正事。因此为华、张二人所蔽，由大事招待入手，胡乱将二人哄走，任意所为。人民所受痛苦虽深，又谁能奈之何哉？

1963 年 5 月 15 日

# 郭松龄反奉见闻

刘善棠

郭松龄，字茂宸，辽宁省法库县人。由保定陆军武备学堂毕业后，即在张学良部下充教练官。为人刚毅果断，精力充沛，严肃认真，生活朴素。因而受到张氏父子垂青，一帆风顺，由旅长、军长，以至三四方面军副军团长，掌握了奉军的实权。叱咤风云，不可一世，因而产生了骄傲思想。

在第二次奉直战争时，直军大败，奉军乘胜追击，占领了河北、山东、江苏、安徽数省。郭松龄认为这次大捷以己之功居多，已存有居功傲物心理，认为自己将受到张氏父子的优遇。不意事与愿违，胜利品为他人所夺。安徽、江苏二省督办位置，都分别为杨宇霆、姜登选所窃取，自己并未得到特殊擢拔。因而，不满张氏父子，成为日后反奉的伏线。

1925 年 10 月，孙传芳联合五省反奉，声势浩大。杨宇霆、姜登选先后由江苏、安徽退出，准备在天津与张学良、郭松龄、张宗昌、李景林等会合，研究抵御方案。后由张、郭决定，改在滦县开会。

161

在开会之前，张学良回沈阳请示父命。郭利用这个机会，和冯玉祥、李景林暗中妥协，表示反奉之意，并得到冯、李等支持。于是，决意拥军反奉。乃密令天津以东的所有奉军，迅速集结滦县。

1925 年 11 月 12 日，名义是召开高级将领会议，实质是反奉誓师大会。在会议上，郭的全体与会高级将领提出反奉的理由，主要是指责张作霖统治集团腐败殃民，理宜维新，以解东北民众倒悬之苦。当时郭兵权在手，无敢非议，唯有姜登选表示反对，立即被郭枪毙杀害。余者唯唯听命。郭松龄乃将东北军老将领高维岳、齐恩铭、裴振东、赵恩臻等，送到天津李景林等处扣押，并提出五名团长代替原东北军旧军长，共组成了五个军，约 12 万人，由滦县向东挺进。计第一军军长魏益三、第二军军长刘伟、第三军军长范浦江、第四军军长霁云、第五军军长刘振东，邹浚泉为总参谋长，郭为总司令，并在誓师当时发出反奉通电，内容罗列：张作霖搜刮民财之情况，并提出自己维新之抱负。不外以拯救东北为己任。冠冕堂皇，义正词严。但东北群众并未关心。郭为鼓舞士气，给军官士兵，统升一级。为安定民心，称反奉军官为东北新军，都戴有绿色袖章，刺有东北新军"不扰民，真爱民"等字样。所向披靡，势如破竹，未受抵抗。

11 月 14 日抵山海关，初受吉林十五师抵抗，旋即击破。11 月 17 日抵兴城，因天降大雪，道路泥泞，行军受到阻碍。因士兵鞋袜尽湿，后方供应不及，乃招扰百姓，并有乘换鞋袜之机，出现抢劫奸淫等情，军纪出现紊乱。19 日在锦西受到东北军堵截，经四昼夜激战，堵截军溃退，继续前进。12 月初，日本关东军司令官儿玉命新民日本领事，通知郭松龄在南满铁路（沈大线）两侧 100 公里内，不准通过和驻防。因而，郭的进军受到阻碍。迫不得已，第四军杨霁云由新民北侧向沈阳进军。这时，郭军内部已渐动摇。

首先，团长富双英率军投张，士兵日有逃亡。同时，黑龙江、吉林两省援军陆续到达，计有王永清和徐永和旅，均系骑兵，进军神速，战斗力也较强。12 月 23 日，已突至郭军后路。郭见大势已去，偕妻溃逃。车阻大雪，逃亡迟缓，于唐家车站被王永清骑兵发现，就地被戕。由誓师至遇害，实仅 41 天。在军阀斗争史上留下了反奉的一页。

郭军反奉，系军阀内部的互相残杀。但郭缺乏巩固的后方，李景林初则支持他，中途又对他掣肘。因而在前进时留下第一军在山海关防守，分散了兵力。其次，是一路为风雪和道路破坏所阻，行军迟缓。又兼日本有意为难，侧面加以限制。更主要的是没有得到群众的支持，师出无名，所以终为失败。

# 奉郭战争见闻琐记

王翔瞵

　　1925 年，我在前奉天省长公署任书记员。是年冬，郭松龄举兵反奉，消息传来，震撼东北。当郭军以破竹之势，出榆关，破连山，下锦州，直捣新民，逼近沈阳时，张作霖惶惑不能自保。因将家眷及贵重物品送往日本租界。达官富户也跟踪逃避，即小有资产者，也接踵前往，托庇日人。

　　12 月中旬，军省两署，即将该月职员薪俸连同年末奖金（约一个月薪俸），一并提前发放。除高级机要官员，每日到府应付变局外，科长以下职员，已行止任便，形同遣散。

　　当奉郭两军在巨流河对峙阶段，省城空气又稍趋稳定。为了加强军事部署，帅府方面，事务又呈烦琐，昼夜需人值班。时秘书长谈国桓（铁隍）因病不能上班，由袁金铠（洁珊）代理。经白永贞（字佩珩）向袁介绍，我到秘书厅任录事。因得与张作霖及其僚属接近，对双方军事行动，时有见闻。兹将记忆所及，分别写出。漏误之处，尚望有关人士，予以补助订正。

# 一、张作霖对郭松龄"养电"的态度

军阀混战时期，双方都以通电互相攻讦，期在争取各界同情，获得多方支持。所谓"耍笔杆，撑枪杆"是当时一种特殊风气。郭松龄当然也不例外，于举事之初，就罗织了饶汉祥（曾充黎元洪大总统之秘书长）、林长民（曾充湖北省民政长）等所谓知名人士，为主笔政。

郭松龄反奉的第一个通电，即所谓"养电"（11月25日），就是饶汉祥拟的。电文大意是说，他受张氏父子知遇之恩，本不应称兵犯上。但以张信任王（永江）、杨（宇霆），聚敛民财，拥兵好斗，内战连年，民不聊生，为了消弭内战，巩固国防，开发东北，不得不清除君侧，与民更始。事定之后，仍与张学良分掌东北大权，从事建设等语。全文骈四俪六，洋洋千言。我还记得这么几句："……松龄，铜剑长鸣，铁衣未解，万里之鹤，久蕴雄心；八尺之龙，犹殷汗液。方重围之不惧，欲一胜亦何难？第以，孤军解甲（盖指杨宇霆、姜登选，孤军南下苏皖，结果被缴械驱逐），长路馈粮（盖指张令他反攻收复失地），士有怨言，民无斗志……"

一天晚上（约在12月15日前后），我和徐沐尘（徐随张多年，时任秘书，专给张书写信件。郭变平息后，曾任黑山县知事）在秘书厅译电室值班。我一面翻阅许多通电文件，一面称道饶汉祥这篇电稿"文辞华丽，气盛言宜"，真不愧为"大手笔"！徐说："你别提了。这份通电发表后，秘书长（指谈铁隉）、表六爷（指袁金铠）也都在大帅面前称道饶汉祥的手笔。但大帅说：'扯他妈这套，当什么？不打内战，哪来的地盘？他（指郭）造反，还不是因为没给他地盘？他说将来和张学良分掌大权，就是三岁的小孩子，也不能信他的话！没有枪杆子，就掌不住印把子。这个狗屁不值的东西，没有答辩的必要！'"徐接着说："后来王省长也当大帅说，饶汉祥的文辞华丽。"大帅说："我知道这个人会耍花枪，吹牛皮。黎菩萨（黎元洪绰号）还不是让他吹毁的？咱们看不错，他可没看起！"我向徐说："大帅还有工夫看这个（我当时以为张作霖看不懂这样文章)？"徐说："你以为他不如你我吗？我给他写封信，说不定要我改几回。又讲理路，又挑字眼。秘书长起稿以前，都是先问他意见，重要函电里都有他自己的主意。"

"不打内战，哪来的地盘"和"没有枪杆子，就掌不住印把子"，这的确是这位老军阀的"卓见"。至于他认为花样文章不顶事，也是有一定见解的。从他后来看到郭松龄的另一份通电（致张学良函，是林长民拟的）的表现，可以见到这个"一世之雄"，在文字上也不是完全忽视的。

## 二、张作霖看到郭松龄致张学良函以后

当郭松龄以优势兵力，扑向沈阳时，张作霖为了分化冯（玉祥）、李（景林）、郭（松龄）三角同盟，使不得结合一起，除利用李景林之母（时住沈阳），致电其子劝他始终忠于张氏外，并先后派遣许兰州、张景惠二人，分别赴天津（许）、汉口（张）向李景林、吴佩孚进行拉拢。

时李景林因与冯军在保（定）大（名）发生冲突，已中途变

卦，除放还奉军四个师长（郭交李羁押的），不予郭军任何支援外，并向平津路上的冯军开始进攻。而吴佩孚在汉口通电就任十四省讨贼联军总司令后，即令靳云鹗与李纪才（冯部）向奉军所属之山东张宗昌进攻。但当李纪才攻至济南城下时，吴佩孚忽然转变了"讨贼"目标，令靳云鹗截击了李纪才，而以冯玉祥为"贼"了（吴佩孚与张景惠素有好感，郭军反奉后，张先通电与吴联络，愿结盟好，继又奉命亲往汉口）。这种变化是与郭极为不利的。

郭为了挽回这种不利的局势，在报纸上发表了这样一份通电："昨致张军长汉卿一函，文曰：'……足下阴贼险狠，多疑好杀，始则使人刺杀吴佩孚；继则使人刺杀张景惠；终则与松龄等密谋，刺杀李景林。夫杀吴，以其为我敌；杀张，以其不为我用；杀李，果何为乎？狡兔死，走狗烹耳！……'"（全文不长，但我只记得这么一段）

张作霖看到了这个通电之后，马上拿着报纸到办公厅来。当时省长王永江和袁金铠正在这里。张把报纸一扔，神气很严肃地向他二人说："你们看，这份通电绝不是饶汉祥写的，是谁这么阴损？他妈的，挑拨离间！"袁金铠说："近来发表的通电，都是林长民写的。"王永江接着意味深长地说："听说这位刀笔吏，要来接奉天省长嘛！"张气愤地说："他妈的，一计害三贤！"（盖指吴、张、李三人）袁说："还不是鬼子（指郭）的主意！不过，辣手做文章，写得锋甚逼人，的确比饶汉祥的花枪高一筹！"张说："一会儿给学良去电话，叫他反驳！"临走时，还愤愤地说："这小子真损！有那天叫他碎尸万段！"

不久，林长民和郭松龄夫妇，同时被擒。张作霖果然下令把林长民就地枪决。

## 三、张作霖的"缓兵计"

郭军反奉之初，不仅在武器装备上优于奉军，即军队的数目上，亦倍于奉军（郭军约六万人，奉军当不足三万）。在黑龙江骑兵还未到达时，虽多方拼凑，仍感强弱众寡之间，相差悬殊。

张作霖为了麻痹郭军，缓和攻势，以便调兵遣将，充实巨流河防线，遂派秘书张雨田、奉天总商会会长张惠霖、省议会议员（名忘记）等，代表张作霖，到新民与郭松龄谈判议和。

这时，哈尔滨东省特别区行政长官张焕相，曾派发通电，欢迎郭军（在《盛京时报》上登载）。省城大商号在"东三省保安联合会"（附设在奉天省议会）指使下，赶制欢迎郭军旗帜。从而，传出战局和平解决消息。

和议条件，主要如下：

（1）张作霖通电下野（退居大连）；

（2）郭松龄以东北保安总司令名义，掌握军权。张学良以东北行政委员长名义，掌握政权；

（3）吉林、黑龙江两省及东省特别区军政长官仍不更换；

（4）吉、江两省部队撤归原防。张学良所属奉军由郭改编（但卫队营随张作霖撤走）；

（5）省城治安，仍由宪兵警察负责维持；

（6）郭军集中于北大营后，由各界派代表欢迎入城，并举行盛大之入城仪式。

（共 12 项，我只记得 6 项）

这是 12 月 15 日前后的情势。不久，黑龙江省的骑兵及各地零星部队，都增加到防线。

奉军总兵力，已超过六万。而郭军则因大雪严寒，又缺乏棉衣军装，加以人心厌战，逃亡甚众，使奉军转占优势。

当然，郭军之所以未能长驱直入省城，主要是对日本关东军司令之通牒（即不许在南满铁道附近有军事行动），有所顾虑。但对于屡战屡胜，认为大势已定的郭松龄，进行了这样一个谈判，以麻痹对方，使缓和攻势，也的确起了一定作用。闻郭松龄对 3、4 项（即更换吉、黑两省军政长官及改编该两省军队）尚有不同意见，但这个代表团回到沈阳后，却没作任何表示而中止了活动。

## 四、奉郭战争中之日本租借地

沈阳日本租借地（即今日之沈阳南站附近），原称南满铁道附属地（在当时行公文时，称附属地），也统称日租界。口头上都叫它日本站。这个范围，东起马路湾，西至揽军屯（即铁西工业区），南至浑河桥，北至西塔、皇姑屯。以车站为中心，向东开辟两条大街（即今日之中华、中山两路），直达沈阳市中心（城里）。较大商号、旅馆、饭店、娼寮……多设于这两道大街附近。至于工厂多设在铁道以西，而中日两国人之住宅，则分别建筑于幽僻街道两侧。这里的行政权力完全操控在日本帝国主义者手里。"大衙门"（即日本警察署，中国人称为黑帽子衙门）为最高统治机关，对住在租界的中国商民，不仅征收苛税，而且随便打罚。

在这个特殊地区内，楼房栉比，街道整洁，交通便利，商业繁荣，中国市街未免相形见绌。因为这里可以作窝藏盗匪、贩卖武器、毒品，开设赌场，以及走私漏税等不法行为，特别是甘为敌人操纵的所谓"政治犯"及其他"野心家"，可以在日本人包庇下自由活动。因此，造成了这个地区的畸形"发展"与局部"繁荣"。

这种"繁荣"，在平时已经是"畸形"的了。但在军阀混战时期，战区内之外国租界，它的"畸形繁荣"，不仅为解放后之中国人民所意想不到，即生活于半封建半殖民地时代的人们，亦感到惊奇。兹将奉郭战争中沈阳日本租借地的情况，摘要分述于下：

*1. 纷纷迁移，便宜了马车夫，累死了洋车夫*

郭松龄举兵反奉后，张作霖惶惑不能自保，遂将身家财产托庇于日人。除家属财物迁往租界外，其本人亦备好专车，准备在最后防线军队溃退时，逃往日站。张作霖既"率先垂范"，不仅达官显宦、大商富户相继而来，小有资产者亦纷纷逃避。12 月 5 日至 10日，特别是 7 日、8 日、9 日这三天，是这一行动的最高峰。从大小西门通往日站的马路上，真个"车水马龙"，终日通宵，络绎不绝。

战前，从城内到日站的马车价格是奉票八角至一元，人力车（也叫洋车，完全由人拉，不是蹬三轮）价格是三角至五角。但在迁移避难的高潮中，马车每次由原来最高的一元涨到十元以上，人力车每次由原来最高的五角涨到三元至五元。而当时物价（主要是食品）却波动不大。洋面一袋，旧秤四十四斤合现在五十斤，由五元涨到八元。因此，马车每天最多有挣百余元者，人力车每天亦可挣到三五十元。为了挣钱，人力车夫拼命和马车竞赛。这和平时不同，因为车上不仅是坐人，还要拉沉重的物品。车夫们当时认为这是一种"幸运"，有钱人都骂"郭鬼子造反"，他们却说"郭鬼子功德"。但这种"幸运"，在马车夫和人力车夫身上，却有幸与不幸。因为马车夫多为车主"抱鞭"，每月有固定工资，每天交最低车费（也有租借者）。在这样车费突然高涨的几天里，车主虽向车夫多要车费，但最多不过高于平时的二倍，其增价所得，多半落于车夫之手。而跑伤马力的损失，与车夫关系不大（自车自赶者极少）。车夫虽很辛苦，但与人力车夫相比，则相差悬殊。至于人力车夫，累死、跑伤者，惨不忍闻。据风雨坛警察分所所长姜德山说，他们管界内计有洋车夫九十多名，累死的老弱车夫有十三名。而年富力强的车夫跑伤咳血因而丧失劳动力者，不下四十人。他说，工夫市派出所管内，仅累死的车夫，就有三十多人（因人力车夫多集中于工夫市）。和我族兄同院住的三个人力车夫中，就有一死一伤（西板井胡同属风雨坛分所）。

在那样不合理的社会制度下，由于军阀混战，直接间接给予劳动人民的灾难，由此可见一斑。

2. 租价奇昂，房主发财

日站房屋租价，平时已较市内高出一倍，每间每月租价奉票五至十元。但因时局突变，租界人满，房屋租价每间每月陡然涨到五十至一百元。当迁移高潮时，月房已不能租到，厨房、厕所、走廊、夹道，甚至庭院，也有人租赁。甚至有计件，按日出租者。皮箱一个，每日收租三至五元。当战局平稳后，有将寄存衣物典当开付租价还不够者。

171

我有一个朋友（海城牛庄人，姓孙），他在日站平康里附近有房屋二十余间，每年收租千元左右。但在这一个月中，仅他自住的三间及庭院，就收租价一千余元。据他说，如把房户转租的租价合在一起，这一个月的租价，盖这二十多间房子也用不了。

至于达官富户租用日本人房屋，或在旅馆包租房间者，反较上述情况便宜很多。但被盗受抢者，时有所闻。

这种奇形怪状，不论谁吃亏，谁发财，都不值得记述。但在当时从张作霖到小资产所有者，都一致托日本帝国主义者"保护"，而不以为耻。这倒是解放后的中国人民所不能理解的。

### 3. 最大赌场——取引所

取引所是日本南满铁道株氏会社所设立的一个以买卖各种货币为赌博的场所。在平时以金条、银块、大洋、金票、奉票、哈洋（黑龙江省货币）、官帖（吉林省纸币）为主要交易对象。这种买卖，是以定期定时按所买卖货币之差价，计算赔赚（输赢）的。在这里进行交易的除按所买卖的金额，依比例交足押金（现款）之外，还须有殷实商保。取引所按买卖金额收取引费。因系买空卖空性质，以少数押金，可买卖多数货币。交易金额越多，取引所的红利越大。而贪图暴利想发财者，虽明知这是日人所设陷阱，但仍冒险尝试，因而倾家荡产者，时有所闻。

在奉郭战争中，因时局板荡，各种货币价值波动较大。取引所的"业务"就获得空前的"发展"。这期间，以奉票、金票（日本纸币）、现洋为主要交易对象。这场战争，既是奉派命运所关，因此就是奉票消长所系。在这里进行交易的，他们是以奉郭战事推移来

郭松龄反奉见闻

打赌的。

战前奉票与现洋价值相差不大（每元相差几分），而奉票买现洋、金票，每元须加价 4~5 角。但在战争期间，奉票价值逐步跌落，其差价最高时为奉票 2.25 元买金票或现洋 1.00 元。

战争初期（12 月 15 日前），卖奉票，买现洋、金票者，均获暴利。而获利者乘胜前进，买卖金额骤增，每日交易总额有超过一千万元。但郭军进抵新民后，由于奉军防堵，未能长驱东进，日本资本家遂大量抛售金票。接着郭松龄又发表声明，负责整顿奉票，因而奉票价格又回升到 1.6~1.7 元买金票或现洋 1.00 元。我认识的一个顺义钱庄，即在这个时期，赔了现洋 3.2 万余元而倒闭。当战争平息时（12 月末），奉票价格回升，几乎与战前相等。

1926 年初，一般人以为奉军战胜，奉票价值可望稳定（抱此见解的不知又赔累多少）。但不料此后反直线下降，三四月间竟落到奉票 6.00 元买现洋 1.00 元。在张作霖以搅乱金融"罪名"，枪毙了六大钱商执事人之后，奉票价值曾一度回升到 2.4 元换现洋 1.00 元。但没出 10 天，奉票价值反跌到 10：1，以后江河日下，直至以奉票 6.00 元换现洋 1.00 元为止。在这一阶段，靠工资生活的贫民小户因而自杀者，时有所闻。

后来我听在取引所当职员的中国人孙祥泰说，在奉郭战争的一个月中，取引所所得利润，竟超过了南满铁道线月份的总收入。

这笔巨大的利润，似乎是得自奸商赌棍，而实质是榨取了东北人民的膏血。封建军阀和帝国主义给人民造成的灾难，是写不完的。

## 五、奉郭战争中的《盛京时报》

《盛京时报》创刊于 1906 年（清光绪三十二年）。它是南满铁道株氏会社主办的，是配合日本帝国主义军事、政治、经济、文化侵略的一个重要的宣传机构。

这个报刊的舆论，当然是与日本政府对华政策，特别是和日本关东军对东北地区的策略相一致的。但是，在奉郭战争这个时期，该报所持的态度却与关东军背道而驰。

张作霖在郭松龄举兵反奉之初，为了保持他在东北的统治地位，不惜出卖东北主权，与日本关东军方面签订密约，以取得日本帝国主义者的庇护。日本关东军司令官百川义一，当即通告奉郭两军在南满铁道东西 20 里之内，不准有军事行动。这分明是阻止郭军东进。关东军不仅在沈阳附近增加兵力，构筑工事，更直接派遣宪兵、警察进驻沈阳市内，协助张作霖保卫省城。

但《盛京时报》于这一战争开始时，就发表社论，列举双方优劣，而肯定张作霖必败无疑。在战争进行期中，凡郭军胜利消息，则尽先登载。而奉军不利消息，必从而夸大。如说张作相仓皇北遁，吴俊升不肯南来，张学良忽然失踪，张作霖神经错乱等。直到 12 月 23 日郭军全线溃败，郭松龄夫妇被擒时，该报尚登载郭松龄退守打虎山整编待援，冯玉祥部队已达锦州，与郭军并肩东下，势不可当……一类消息。

郭松龄死尸运到沈阳后，该报虽不得不追认郭军之失败，但犹对奉军新旧派别挑拨离间，谓新旧两派，不可调和，张作霖如不撤销张学良本兼各职，则难免再度兵变。

在战争期间，每天由东北宪兵司令部警务课检查《盛京时报》。如有特别不利于奉军之新闻或社论，则通知邮局扣押。

究竟该报为什么这样"反常"呢？据前满铁"雄锋会"主要分子山口重次于1944年对我说，当时满铁总裁和关东军司令之间抱不同态度。满铁方面是反张拥郭的。至于当时日本驻奉天总领事，则倾向关东军方面；而大连关东厅长官，则与满铁一致（所谓关东四巨头，当时已分成两派）。

从这里可以看到日本帝国主义内部的矛盾。

尾批：雄锋会为满铁会社职员所组织的一个专门研究对满蒙进行侵略计划的机构。山口重次是这一机构的主干。

# 郭松龄反奉

郭景珊

　　1925 年 10 月间，郭松龄反奉。在这时，发起反奉这个战争，联系人就是郭松龄的夫人韩淑秀与冯玉祥的夫人李德全。她二人是在北京燕京大学的同学，这才有郭冯合作。

　　还有李景林想帮助郭反奉的原因。第二次直奉战争，郭松龄在山海关和九门口战役有很大功劳。但是，后来奉军得了很多地盘，张作霖委了四个督办，未有郭松龄一个。他心中不满，才有反奉之事。但是，郭松龄当时在奉军中名望很小，不够资格。在二次直奉战争时，郭松龄以为他有很大功劳，有当督办的资本。在这时，吴佩孚与张作霖联合打冯玉祥，他不能与冯战斗，因两个夫人有联系。郭松龄以到天津医院养病为由，张学良到医院看他时，郭松龄对张学良谈："东北军打败，皆是杨宇霆弄坏了。这次江苏失败，全是杨宇霆，断送了数个师兵力。他本人一枪不放，就跑回奉天了。他在老帅身边随便说坏话。这次还叫我打仗，还叫卖命，给他杨宇霆打地盘。这个炮头我是不当了。"张学良也未说话，无法，就秘密回奉天了。但当时，张学良坐火车到大沽口，换乘轮船，他恐郭松龄扣他，才改乘船回奉天的。

张学良见着他父亲，对他说："郭松龄不打仗了。他与冯玉祥有联系。我看样子，他想反奉天。"这时，张作霖用电报调郭松龄回奉天开会，郭想一定是要扣我，不能回奉天。这时，郭松龄与李景林、冯玉祥频频联系。就发动反奉之事，打电报给张作霖，叫他下野，请张学良接管大权。还叫杨宇霆下台，给冯玉祥去电话，请他援助。

1925年11月23日，郭松龄起兵反奉。自标国民革命军总司令，还召集各将领到滦州开紧急会议。他当夜坐火车到滦州车站。大家到齐了，他对各将领说："我们回奉天将日本打出东北！"郭松龄准备好了花名册，他说："大家愿意随我去，但是得签名。"这时，有五师师长赵恩臻、七师师长高维岳、十师师长齐恩铭、十二师师长裴春生不签字，当时被看管起来，后来又被送到天津去。还有姜登选路过滦州时，当时他反对，就将他枪决了。

这时，愿听郭松龄的，他委刘振东为革命军第一军军长，委刘伟为革命军第二军军长，委范浦江为革命军第三军军长，委霁云为革命军第四军军长，委魏益三为革命军第五军军长，委邹作华为革命军总司令部总参谋长。当时，由天津银号带来大洋钱发放各军营兵一个月月饷，为的是与他卖命。还由天津带来的绿布和蓝布发给各军佩戴。臂上戴绿色布，脖上戴蓝色布，备以识别之用。命令第一军担任左翼进攻部队，沿京奉铁路以北；命令第二军由京奉铁路线正面进攻；命令第三军为京奉铁路线以南进攻部队；命令第四军为进攻营口部队，经过鞍山、辽阳，到达沈阳；命令第五军为总预备队，在山海关待命。

11 月 30 日，第二军战斗部队到达山海关时，有张作相的部队张廷枢团予以反抗。但是，他的一个团的兵力，不能久战而退却了。第二军前进部队到达连山，又与张作相的部队战斗了一夜。因天气变冷，刮了北风，下了大雪，官兵冻死冻伤很多。张的部队就跑了。

12 月 5 日，全军占领锦州。张作相部队全不战就跑了。可是，全军到锦州休息三天，使张作霖惶恐不安，惊惶万状，发布对郭松龄讨伐电报，并悬赏五十万抓获郭松龄。张作霖惊慌失措，不堪言状，就想宣布下野。另外，又让日本公使芳泽保护他。还叫黑龙江省军队和吉林省军队坐火车火速来奉天，抗击郭松龄之军队。又每天骂张学良："都是你交的好朋友，郭鬼子反我！"还想烧房子，还想逃跑，还准备从官银号提出几万元钱，躲到日本租界保险。这时，参谋于国翰对张作霖说："郭鬼子他们一时来不到奉天，你怕什么？如果真的来了，他们进西门，我们就出东门；他进北门时，我们就出南门。"张作霖听着有道理，可是城内商店关上门，人心惶惶不安，危在旦夕。如果没有日本人帮助，早就攻到奉天了。当时，张作霖请求日本顾问松井七夫，向日本军司令官白川请求援助。白川司令官说可得有几个条件，如果答应可在书面上签字。张作霖问有几条？日本人说有五条。

第一条　准许日本人在吉林省延边地区行使政权。

第二条　（整理者：原稿缺略）

第三条　准许吉敦路延长并与图们江以东和韩国铁路接轨联运。

第四条　洮昌道等县，准许日本人设领事馆。

第五条　承认土地权和矿山开发权。

　　详细办法由中日外交机构人员，共同商议决定。当时，张作霖听完，心想如果签字，这是丧权辱国。可又想，在关键时刻没有办法，只好答应了。当时就答应了。白川司令官对张作霖说："张大帅，请你放心吧！我回去马上向郭松龄发出警告，不准他们军队进入满铁线二十里内。如果进兵，日本就出兵。以此保护侨民和张大帅，维持奉天城里治安。"这时，第二军到达巨流河。吉林和黑龙江两部军队也早到了巨流河，占领阵地抵抗。

　　当时，主要是第二军军长刘伟和军部参谋长陈再新商议好："咱们不能打了！咱们全吃老张家饭，不能打老张家！"次日，刘军长亲自到阵地，对官兵说："我们不能打仗了！我们全吃老张家的饭，不能打老张家！我们要停战，听候处理。"这天下午4时左右，军部参谋长陈再新叫我（郭副官）带两个骑兵，赶快到柳河沟，去接郭总司令，因他道路不熟。我就带兵骑马去柳河沟。这时，天就黑了（距离新民县十八里）。当时，见到邹总参谋长。他说："谁叫你来的？"我说："陈参谋长叫我接郭总司令。因道路不知道，才叫我来接。"他说："好吧，你在前头带路。"

　　我们到了新民县德盛油坊第二军部时，已经是晚上8点多钟了。在屋内等待郭的将领有刘振东、第二军军长刘伟、第三军军长范浦江及陈再新参谋长、十九旅旅长高纪毅等人。郭到屋当时就问前方战斗情况如何，其他人未发言。陈再新参谋长对郭松龄说："前方官兵全说，我们吃老张家饭，不能打老张家。无权指挥了，官兵不打了，没有办法。"这时郭松龄说："当初你们在滦州时，全同意帮助郭某。到现在，大家全不帮助了。我太不识人了。现在，请问大家

179

还有什么办法?"各将领全说,还得请求大帅（张作霖）如何办法。我们请罪于大帅,去电报,看回电如何。电报写好了,晚上10点多钟,叫我到电报局去打电报。各将领全在德盛油坊等电报。

12月23日凌晨1时,电报来了,内容说:"除郭松龄一人外,其他各将领一概无罪。"当时,郭松龄说:"你们郭太太不能骑马。"陈参谋长说:"郭副官,你们到卫队连找一辆大车,快点才好。"大车到德盛油坊时,凌晨两点多钟了。各将领全送出门外,对郭说:"请总司令一路保重!"后来听说,郭松龄坐大车到达辽中县管界老达房时,黑龙江省骑兵旅旅长王永清到达老达房,看见地下有一个郭松龄带衔的名片（那时全兴有名片）。王旅长说:"赶快叫士兵搜查!"可是到各家全搜完了,未见着郭松龄。王旅长又说:"将各户人家全集合起来!"当时,王旅长就问:"谁看见一男一女了?"当时一位老头说:"我看见一男一女下菜窖了!"就请老头领着去菜窖,到了菜窖,官兵就问:"里边有人没有,要打枪了!"这时,郭松龄在里边说:"不要打枪,我出去!"郭太太也一同出来了。士兵将郭带到王旅长面前。他问郭鬼子:"你这东西,还敢倒戈!你是找死!"当时,王旅长就给大帅打电报,问如何处理。张大帅回电报说,就地枪决,不留活的,免得有人求情（指的是张学良）!恐他说情就不好办了。当时就把郭松龄及郭太太就地枪决了。后将尸体运到奉天小河沿停尸三天。以后,由他的家人领去。

天亮时,张作相带队进入新民县德盛油坊时,将各将领全押起来。次日,张学良军团长进入新民县,又将各将领放了出来,还召集会议,张军团长说:"大帅说,不治你们罪!"这是张家父子待人宽大。还说:"陈再新、刘伟,你二人反郭有功,委你二人旅长。"

当时委刘伟为东北军第六旅旅长，委陈再新为第二旅旅长，委高纪毅为第三军团副官处少将处长。其他未委。后来全用了，不是带兵，无大职务。

把郭松龄打败了，日本人就向张作霖说，郭松龄失败了，是我们日本人保护了张大帅，战斗有功，你才胜利了。此前答应的五条，你应当实行才好。张作霖说，你们日本人一枪未放，也未伤人，不能算你们的功劳。我不能承认。日本人说，胜利就不算了，好吧，后会有期。张作霖皇姑屯被炸死，也是这个原因。

# 郭松龄反奉始末

沈 述

郭松龄反奉事件，虽然只有一个月时间，但在中国现代史上却有其重要意义。对这一事件的看法，50多年来，一直存在很大分歧，众说纷纭，有重新认识、重新评价的必要。因此，我们利用搜集到的中外有关资料，以及档案材料，就郭松龄反奉的原因、性质和经过等问题，采用纪事本末的方法，综述了这一重要事件。

## 一、郭松龄其人与奉张的关系

谈郭松龄反奉，不能不先了解其人。

郭松龄，字茂宸，又名牧臣，汉军旗人。眉批：汉族。1883年（清光绪九年）九月出生在奉天东郊渔樵寨村（现属沈阳市东郊东陵区深井子公社）。眉批：郭属羊的，应为1882年。其父郭复兴，清末参加过科举，后回本村开馆教书，借以维持一家人的生计。其母李氏，是一位善良、勤劳、纯朴的农村妇女。李氏生三男，郭松龄居长，次子郭任生，三子郭大鸣。郭松龄幼年时候，正是清末统治最黑暗的时期，社会腐朽，民生凋敝。郭的家庭十分贫困，终日不得温饱。七八岁时，从父读书。13岁那年，曾给邻村赵家堡王姓地主放过猪。郭平时勤奋好学，晚间回家常随其父读书习字。眉批：另外，常璞、董汉儒见郭聪明，曾不要束脩，教郭三年。以后郭将其子董舜臣抚养成人，在二六旅当营长。郭反奉时，董舜臣反郭投张。

郭松龄21岁那年，眉批：二十二岁。即1904年，爆发了日俄战争，浑河两岸成了日俄两个帝国主义厮杀争斗的战场。炮火所及，顿成废墟，渔樵寨也未能幸免。郭松龄家仅有的两间破草房也被炮火焚毁。日俄两国强盗匪兵所到之处，杀人放火，强奸妇女，无恶不作，而腐败的清政府却宣布中立，视大好山河惨遭帝国主义蹂躏于不顾。这对青年的郭松龄刺激很大。从此，他立下救国的决心，抱着"欲救国需武力，欲统军需学识"的志向，在日俄战后的1905年（清光绪三十一年），经亲友资助，考入奉天陆军小学堂，从此迈入军界。郭学习军事十分刻苦，毕业考试名列第一。1907年毕业后，被派往北洋陆军第三镇进行军事见习。眉批：亲友须注明。（除其舅父外，据说有个宾老五，宾为皇族，是个要人的，但不详其人。只听说有个宾老三。）

一年后见习期满，被派到奉天中路巡防营朱庆澜部下任哨长，驻防奉天东大营。任职期间，郭操练殷勤，办事认真，深得朱的喜爱。此时，经人介绍与其妻韩淑秀订婚。韩家住在马官桥西南的木厂村。其父与人经商。当时，韩淑秀正在奉天女子师范学堂学习。

1909年（清宣统元年），赵尔巽由四川调回东三省任总督，其弟赵尔丰升任四川总督。因四川政局不稳，赵尔巽便派朱庆澜入川，任第十七镇统制，辅助赵尔丰。于是，郭松龄随朱入蜀，充任该镇第二协第一哨哨官。在此期间，郭曾入四川陆军讲武堂学习。正值四川掀起大规模的爱国保路风潮，对郭的思想有很大影响。1911 年春（清宣统三年）升任管带，旋即加入同盟会。此间曾有意举行起义。同年 10 月，辛亥革命起义爆发后，四川革命党人起来响应。赵尔丰下令镇压，后被标统尹昌衡所杀。四川独立后，蒲殿俊为都督，举朱庆澜副之。朱辞职不就，决定北归。郭松龄也随之离开四川。朱庆澜返回锦州家中，郭则于腊月潜回奉天。时值赵尔巽与奉天巡防中、前路统领官张作霖，暗杀革命党人张榕、宝昆、田亚赟等人之后，正是猖狂地捕杀一切革命党人之时。郭入奉，因其削发着洋装，被疑为革命党人而逮捕。郭之旧友白子敬获悉，速找郭的未婚妻韩淑秀告急。眉批：时郭设机关于韩淑秀家，进行活动，被逮捕。

据韩的老同学富香海老先生的回忆，韩生前曾亲自对富口述过这段生动的经历。大意是说，当时韩淑秀正放寒假在家，惊闻郭松龄被捕的消息，心急如焚，半夜随即冒北风大雪，步履艰难，急行10 余里，直奔奉天城内的总督衙门。此时，天已黎明，适街上来往行人，议论纷纷。有人说："巡防营又要'杀秃子'了（就是杀革命党人）！"韩闻之疑忌更甚。正在心慌意乱之时，迎面驶来一辆刑车，车上五花大绑地坐着一个犯人，细瞧正是未婚夫郭松龄。韩奋力冲过人群，不顾一切闯到刑车前，双膝跪下，连声呼冤。刑车戛然停下，手持军令的监刑官，下车走过来，见是一个青年女子，便高声喝道："你是什么人？"韩回答说："车上的犯人是我的未婚夫，他是好人，不知犯了什么罪要杀他？我要见张统领面述！"监刑官见

184

这女子，举止不俗，谈吐锋利，非一般民家女子。于是，乃拨回马头，回署禀告张作霖。

张遂下令叫韩到营务处回话。韩见张后，详述了她与郭的关系，并说："郭原在四川朱庆澜部下任职，素行端正，绝无违法之事，更不是革命党。如郭确有不法之事，杀之无怨。否则不能无端杀掉好人，望统领详查。"张一听郭乃系朱庆澜部下，怒气渐消。遂复问韩："你一个人说他是好人，不足为凭。你若能找出省城商铺宿绅多人作保，我就放他。"韩听罢，旋即走出营务处。经多方联络，四处寻求，终于找出 27 名保人，于是郭松龄才得救获释。从此，郭对韩非常感激，不仅结为夫妻，还是救命恩人。郭对韩言听计从，思想、行动受韩影响很大。眉批：*此段叙述是否属实？据许多人说，是韩找寿夫人通融，才获救的。又一说，是民国成立才释放的。*

辛亥革命后，民国元年，郭到北京陆军将校研究所任区队长。一年后，重返奉天，投到张锡銮部下，任奉天都督公署少校参谋。不久，又到北京陆军大学学习。韩也随郭到京，入燕京大学。1916年，郭从陆大毕业，遂与韩淑秀在北京结婚。

不久，朱庆澜由黑龙江护军使兼民政长，调任广东省省长。郭是朱的老部下，又备受朱的赏识，便应朱邀赴广州，被任为粤赣湘边防公署参谋兼驻粤滇军讲武堂教官。这时，广州乃是全国革命的中心，郭有幸面见过孙中山先生，这一段经历对郭后来的思想变化与发展，是有很大影响的。眉批：*郭见孙中山后，任韶关教官。不久，即反奉。意改革东北，进入奉军，谋夺取兵权，以反对张作霖。*

1918年，朱庆澜退职离任，郭也随之北上。经秦华介绍，投入奉系张作霖部下，充任奉天讲武堂教官。眉批：*张作霖曾在讲武堂*

185

开学之日认出郭是革命党人,并以言讯之。适值张学良正在这里学习,二人从此相识。郭性格沉稳寡言,不事应酬,作风严谨,待人谦和,办事认真,谙于军事,练兵有素,有古名将之风。郭常着士兵服装,在练兵场上身先士卒,能吃苦耐劳,深受张学良的称许。郭、张虽属师生之谊,但感情甚为密切。张学良虽然年轻,却能知人善任,视郭为不可多得的军事人才,屡向其父保荐,随之为张作霖所器重。眉批:郭与张学良接纳,实为反奉。

1920 年初,张学良以炮兵科第一名从讲武堂毕业。授予炮兵上校,遂由东三省巡阅使署卫队旅第二团团长,升任旅长。张作霖特调郭松龄为该旅第二团团长,辅助张学良。同年 5 月,吉林胡匪猖獗,张作霖派张学良、郭松龄带两团兵力,去一面坡和佳木斯一带剿匪。20 岁的张学良,初出茅庐,还没有布阵打仗的经验,一切全依赖于郭松龄。郭不但指挥剿匪有办法,很快肃清匪患,安抚地面,百姓称快。而且在剿匪过程中,还能不断启发张学良的爱国思想。

据赵曼麟先生回忆:"有一次,张学良与郭松龄一起,由一面坡出发,沿哈绥线在横道河子剿匪。沿途各站都有日本守备队驻防,高挂太阳旗,士兵持枪鹤立营门,虎视眈眈地监视中国军队的行动。甚而,还有时包庇胡匪,阻挠进剿。大家都感到愤慨。这时,郭松龄对张学良讲:'我们国力不强,日本一个小国,就敢侵占我们许多土地,为所欲为!我们这代军人,不要打内战,要卧薪尝胆,奋发图强,练兵打仗,把他们赶出去。这是我们当代军人的责任!'郭松龄在对部下讲话时,也常说:'东三省地处两强之间,危机四伏,南有日本,北有苏俄。日本到处有驻军,利用他们控制的铁路,随时可以运兵。一旦时机成熟,他们就会发动战争,占领东北。那时,我们就会和朝鲜一样，去做日本人的奴隶。'在绥芬河附近的山里，张学良、郭松龄还接见了朝鲜独立党领导的抗日武装代表，鼓励他们进行抗日斗争。郭松龄还借入山剿匪为名，到'亚伯力后堵'地方，给他们送了一批军械弹药"。

通过这次吉东剿匪，张学良与郭松龄之间的关系更加密切。是年冬，张、郭率军胜利返奉。1921年8月，奉军扩编，郭因剿匪有功，被提升为奉天陆军混成第八旅旅长。卫队旅改编为混成第三旅，旅长仍由张学良充任。三八两旅合署办公，实际上由郭一人训练。张学良把军中大权也基本上都交给郭掌握。此时，郭踌躇满志，充分发挥其军事才能。经过严格训练，三八两旅成为奉军中的劲旅。从此，郭松龄的声誉名满奉军。

1922年4月，第一次奉直战争爆发。奉军入关，张学良为东路军第二梯队司令，郭松龄为参谋长，率三八两旅参战。后因西路军总司令张景惠主和罢战，加上邹芬倒戈，前线不支，西中两路军溃败。眉批：此时，郭曾派人与吴佩孚联系，准备倒张，但吴不同意。

唯独张学良、郭松龄所率领的本部，截击直军奏效，为各路军撤退争取了时间，免遭全军覆没之危。后郭军有秩序地退到山海关，把握大门，使直军不敢越山海关一步，最后只好与奉军议和。郭在这次战役中崭露头角，名震南北军界。

第一次奉直战结束后，张作霖宣布东三省独立，改奉军为镇威军。为了一雪前耻，积极准备第二次争夺中原，根据郭松龄、张学良等人的意见，决定训练新军，成立陆军整理处。张作霖自认总监，张学良为参谋长，郭松龄为东三省陆军讲武堂教育长，协助张学良整训奉军。

1924 年 5 月，张学良升任第二十七师师长。三八两旅改为二六两旅，二旅旅长由张学良兼任，实际则由郭掌握。

1924 年 9 月，第二次奉直战起，张作霖亲带六军入关。张学良任第三军军长，郭为副军长，率五个步兵旅，两万余人，系奉军中之精锐部队，担任攻击山海关一带的主要作战任务。由于郭松龄指挥得力，二六旅经三昼夜猛攻，突破九门口，消灭两个旅，将直军击溃。缴获步枪 3 万余支，机枪 2000 挺，各种大炮 200 多门。直军将领彭寿莘兵败自杀，奉军大胜。眉批：是时，郭派李坚白与冯玉祥联系。李坚白刚到天津，冯已回戈北京。

第二次直奉战争的胜利，是与郭松龄对奉军的严格的训练、出色的指挥分不开的。因此，在二次奉直战中，郭的贡献最大，威望也越来越高。张学良对郭就更加信任和敬重。一切军中要务，交郭全权处理，张自己则很少过问。郭一直是张的部下，张的副手，可是，郭的决定就是张的决定。1981 年，张学良在台湾，提起 55 年前郭松龄反奉时，还感慨颇深地说："反奉成功，可能不会发生九一八事变！"（这种说法未必对）但由此可见，张、郭之间亲如手足，感情至深。眉批：郭张关系还应补充一些具体例子，特别是关于政治见解方面的。

## 二、全国反奉运动及对郭松龄的影响

1924 年 9 月，奉系军阀张作霖发动了第二次奉直战争。战争期间，因冯玉祥前线倒戈，并随之发动了"北京革命"，奉张打败了直系吴佩孚，获得胜利。从此，张作霖进入北京，并与段祺瑞一起把持北京政权。这时的张作霖，除占有东三省、热河外，又控制了山东、河北、江苏、安徽，直至上海等长江下游一带，成为国内势力最大的反动军阀。

张作霖为了进一步施展以武力统一中国的野心，胜利后"大封诸侯"，安抚亲信。首先于同年 12 月 11 日，以段琪瑞政府的名义，宣布李景林为直隶督办军务。1925 年 5 月 7 日，任命张宗昌为山东督军。8 月 24 日，又任命杨宇霆、姜登选分别为江苏、安徽两省督办。

奉军由于连年发动内战，豢养了一支庞大的反动军队，每年耗费万资。结果弄得财源枯竭，民不聊生。乱发纸币，奉票下跌五折以下。眉批：应有具体例子。巧立名目，增捐加税，仅 1924 年奉天省各种税率就增加一至七成。在新占领的地区，奉军更是以胜利者自居，"视为征服之地，戍兵苏皖，肆行无忌，贩卖鸦片，膺造纸币，纵兵焚劫，勒索绅富，种种秽行，贻害江南""以致苏人言及奉军，无不切齿"。奉军所至，民愤日甚，怨声载道。

奉系军阀入关以后，一方面，横征暴敛，搜刮人民；另一方面，又加紧与日、英帝国主义相勾结，疯狂地镇压各地人民群众的反帝爱国运动。在轰轰烈烈的五卅运动中，杨宇霆、邢士廉等人，竟悍然充当帝国主义的走狗，大肆逮捕爱国的工人、学生，封闭了上海总工会，杀害了委员长刘华。眉批：杨宇霆在五卅运动中是否到任？

在山东，张宗昌与日本帝国主义相勾结，制造了骇人听闻的青岛惨案。在东北，则禁止人民收回旅大租借地与抵制日货的爱国行动。奉系军阀的种种所为，已经把自己推到穷途末路，成为全国人民首当其冲应该反对的头号敌人。

1925 年，继五卅运动之后，在中国共产党的领导之下，全国开展了声势浩大的反奉倒段运动。这充分表明第一次国共合作之后，全国革命形势在不断高涨。直系军阀孙传芳，窥伺时机，以为形势有利，便乘机在杭州组织浙、闽、赣、苏、皖五省联军，于 10 月 16 日发表讨奉通电。电文指出："杨督据沪数月以来，*眉批：杨督据沪究竟有多少天？此说数月，后说十几天，应解释明白。*喋血贩烟，腾笑中外，杀人越货，苦我人民，秽德彰闻，众目共见……彼凶益肆，视江南为私有，窃政柄以自恣。部兵公然抢劫，杀害人民，曾未闻一申军法……万恶实由戎首。今与同志联师，当世贤杰，勠力同心。唯彼祸首张作霖一人之是讨，此外皆所不问。"

江苏军阀陈调元、白宝山等人也发表通电，指斥杨宇霆："误国殃民，勒索横征，储诸奉库。时未一年，数逾万千。欲竭各省之财，为征服各省之用。"响应孙传芳，起兵反奉。

五省联军进军上海，当天就占领了龙华和近郊一带，迫使奉军邢士廉部退至丹阳、镇江。驻守南京的奉军第八旅丁喜春部，于 18 日丢盔弃甲，仓皇北撤，渡江者未及半数，便被陈调元部第四师缴械，丁喜春也当了俘虏。杨宇霆闻讯后，仓皇逃命。其惊慌之状，杨蔚云老先生回忆录中曾详述其事："杨宇霆带侍卫营于 18 日下午 5 时，由浦口乘第一列车出发，行至苍旗营，遭到陈调元驻浦口团阻击，列车突围北去。突围后，并没有转过头来干一下，就慌慌张张逃走了。"随之，其他官员也纷纷狼狈逃跑。奉军旅长刘翼飞只身逃出南京，隐到江浦县一个小庙里，削发当了和尚。宪兵司令杨毓珣，半路劫驴逃往镇江，再经上海折返沈阳。当时在东北流传着"刘翼飞当和尚，杨毓珣劫毛驴"的笑话，正是由此而来。

安徽督办姜登选闻知杨宇霆败走，心急如焚，忙致电孙传芳："彼此皆为同学，并无相煎太急之情，而必大呈干戈，以争胜负。"主张和平解决争端，愿以"皖政还归于皖"。随即乘张宗昌派来接应的铁甲车，离开合肥北归。

杨宇霆、姜登选前后做了18天的督办，眉批：8月24至10月18日，1个月零16天。旋又丧师失地，逃回北方。姜到德州被张作霖任命为第四方面军军团长。杨则只身回奉，仍任总参议，掌握大权，继续受到张作霖的重用和信赖。杨宇霆本非将才，关于江苏督办一职，原无任命杨之意，只因杨求官心切，力争要去，且杨声言只身不带一兵一卒，"可安坐鞭笞江南"，收归奉天，由是争得了张作霖的同意，任命他为江苏督办。

这件事却引起郭松龄的极端不满，杨与郭的矛盾也因之而加剧。关于这方面的情况，阎宝海老先生知之最详，他回忆说："第二次奉直战，奉军击败了曹吴，得了许多地盘。江苏是一个肥缺。张学良因为郭松龄战功较大，曾向其父张作霖建议任郭为苏督，张氏业已首肯。郭得知后，先派其参谋长彭振国率一旅到达蚌埠，准备赴任。这时他向张作霖提出要求说：'南方人心怀叵测，必须带二师重兵，方可足资震慑！'张氏旋即与杨宇霆研究，杨竟说：'我军现已有邢士廉、丁喜春二个师驻守沪宁一带，另外还有直鲁军驻地接近苏皖。一旦有事，足资应援。如发重兵，势必引起南方怀疑，深恐激成速变。如果我去，则不带一兵一卒，只凭政治手腕，不但苏皖二省可保无虞，并在半年之内，可使长江中下游各省都来服我东北。'"

张作霖听后即改变了主意，请北京政府正式任命杨宇霆为江苏督办军务。眉批：关于杨宇霆督苏，叙述比较详尽。但郭之反奉，并非因地盘之争。张作霖及其部属，都说郭因未督苏而反奉。但张作霖又承认，他曾将苏给郭，郭不要，而要军权。所以郭之反奉，原因不在地盘。但郭杨矛盾，确是事实。二次奉直战时，杨、姜曾派人暗杀郭，未遂。

杨宇霆用巧舌夺了郭松龄的位置，高唱"文治"的调子，到南京走马上任。杨乘奉张方胜之势，傲慢不可一世。初到时，原苏省陈调元等军政大员，齐去车站迎接，杨拒其入内。继之，陈调元、白宝山等人，入督署谢委，杨虽出见，但轻薄自负，从而引起苏省将领的极端不满，决意驱杨。

杨上任数日，郭就毅然将进驻浦口的刘伟第二旅调回冀东。这无疑是拆杨的台，也给以后苏省军阀逐杨创造了条件。

杨宇霆与郭松龄之间，明争暗斗，矛盾重重。冰冻三尺，非一日之寒。奉系内部派系纷争，一直严重地存在着。奉系军阀是一个封建的反动军事集团。其主要班底，乃是张作霖早年在辽西一带起家的马贼匪帮和保险队为基础，逐步发展起来的。如张景惠、张作相、汤玉麟等人。他们都是把兄弟，统称所谓"老派"。与"老派"相对立的即所谓"新派"。这一派人物，是伴随张作霖夺取了东三省大权后，逐步加入进来的。多是在中外各类军事学校受过专门训练的人组成的。这一派人，即所谓"有知识的新人"，对奉系的发展、扩大起过重要作用。特别是经过奉直战后，新派人物更加受到重用。在新派中，又逐渐分化出土、洋两派。洋派也叫"士官派"，以杨宇霆、姜登选、韩麟春为中坚，都是日本士官学校出身，政治上主张亲日，和日本有千丝万缕的联系。"土派"多系北京陆大、保定军校、各省讲武堂等中国军校培养出来的一些人，以郭松龄、李景林等为骨干，还包括大部分中级军官，如胡毓坤、刘翼飞、魏益三、邹作华等人。他们环绕在少帅张学良周围，由此亦称"少壮派"。这一派受其新思想的影响，主张改革政治，反对内战，主张开发东北，保境安民。

郭松龄早年参加过同盟会，深受孙中山先生民族民主革命思想的影响。加入奉系后，在多年的战乱生活中，对于日本帝国主义加紧侵略中国，时刻推行侵略"满蒙"的"大陆政策"有切肤之痛；对于奉系张作霖与日本相勾结，连年内战，给东北人民造成了无穷灾难，有了更深刻认识；对于杨宇霆等人大耍权术，搬弄是非，争兵略地，岁靡千金，更是恨之入骨。因之，郭松龄与张作霖、杨宇霆之间的矛盾冲突，不仅由来已久，且又日益深化。

眉批：这一段一般论述，但具体事例不清。矛盾表现在哪里，相互之间有哪些事发生争执？过去许多人都是这样笼统地讲，也未见过具体事。

在二次奉直战后，尤以苏皖兵败为转机，双方的对立进一步尖锐和明朗化。郭多次向张学良及部下表示，不能再为少数人的利益打仗争地盘。在当时全国"反奉倒段"潮流的推动下，郭松龄决心起兵反奉，已经是势不可免了。

## 三、郭冯密约　联合反奉

第二次奉直战后，郭松龄和一部分新派将领目睹了张、杨视日本觊觎东北于不顾，频繁内战，兵连祸结，造成国家分裂，民不聊生，乃提出"罢兵息战，退回关外，保境安民，开发东北"等六条建议，请少帅转给张作霖。张执迷不悟，一心想称霸中原，统治全国，断然拒绝采纳。

郭纵观国内形势，分析了奉系的动向，酝酿着寻求一条新的出路。正巧，这时日本要在仙台举行"秋操"，郭将作为奉军代表赴日参观。郭曾向魏益三表示：到日本后，要专攻学术或到日本陆大、步兵学校学习军事。走前，郭先派其妻韩淑秀去日本，为郭的旅日作好安排。

1925年9月底，陆军部总长吴光新、奉军代表郭松龄、国民军代表韩复榘等先后抵日。他们均下榻在日本东京帝国饭店。在此期间，郭与韩复榘进行了秘密接触。据冯玉祥所著《我的生活》一书记载："两方面人员到了东京，同住在一处。却说这位郭松龄虽然列身奉系，为人却极是忠正而有血性，目睹国内情状，国际环境，对于张作霖骄横恣纵、祸国殃民的行为，久怀不满之心。一天郭找韩复榘密议，说有一件稀奇特别的事，不知可不可以相告。原来这次他被奉派到日本之后，日本参谋本部就有一位重要职员跑来访问，问他这次来日本是否还兼有代表张作霖与日签订密约的任务，他茫然不知所措。那位重要的职员也就蹒跚地走了。但郭却对此事放心不下，百般探听，才知道最近奉方拟以承认二十一条为条件，商由日方供给奉军军火，进攻国民军。这个密约已经完全商洽成熟，最近奉方致电日本，说签字代表已经动身，即日可到东京，正式立约云云。"

原来奉方签字代表乃是特派密使于冲汉，由日本顾问松井陪同正在来日途中。日方却误认为郭是签字代表，结果闹出一场严重失密的政治笑话。郭松龄得到确实消息后，激于义愤，不可遏制，便毅然把日、张所订密约情况，全部告诉了韩复榘。当时，郭还表示："国家危殆到这个地步，张作霖还不惜为个人权利，出卖国家。他这种干法，我无论如何也不能苟同的。我是国家的军人，不是某一个私人的走狗。他若真打国民军，我就打他。"除郭与韩亲自接触外，还密派其随员高纪毅多次与韩复榘密谈，进一步商议郭冯联合反奉事宜。显然郭冯双方的东京密谈，已为后来的郭冯联盟奠定了基础。

在日本期间，郭与其妻韩淑秀夫妇二人，还抽出大量时间，广泛接触在日学习的中国留学生。其中，尤以郭和张学良亲自选送的日本陆大等军事学校的学生为多，如徐祖治、郭鹏乔、高胜岳、盛世才、孙成朴、郭恩霖等。在座谈或讲话中，郭流露出"驱张反奉"的不满情绪；强调中国面临日本侵略的危险；指出奉日勾结，内战频繁，号召学生努力学习，加强团结，一致对外，建设国家。希望他们能与冯玉祥国民军派送的留学生"和衷共济，携手前进，救国救民"。

10月中旬，张作霖在奉天召开军事会议，决定"大兴问罪之师"，征讨浙江，报复孙传芳。会议决定派李景林、张宗昌率其部反击孙传芳。令张学良、郭松龄率所属第十军进攻冯玉祥的国民军。此时，郭因正在日本参观"秋操"，张学良便给郭拍加急电报："孙传芳组织五省联军，日驱北犯，目前战局紧迫，老师急盼我兄克日归奉，主持军事，以便进讨。"

不久，郭返回奉天。这时，张学良已就任第三军军团长。第三军团下属有姜登选的第八军，韩麟春的第九军，郭松龄的第十军。然而，这三个军的编组、人事安排等，张学良皆委任郭松龄负责处理。郭欲借此机会，把自己认为可靠的人安插到军团里，甚至各军的卫队营营长，郭都亲自过问。有一次郭在北大营，找炮兵司令魏益三面谈时说："我主张巩固国防，开发东北，最反对为少数人去争督军。试想，这样谁受害，还不是东北人民吗？"接着郭又十分恳切地对魏说："你不要嫌职位低，这次无论如何要来帮我的忙。"魏当即表示赞成郭的看法，遂受命到天津组织司令部去了。

第十军司令部设在天津河北大街曹家花园。不久，郭松龄也来到天津。郭为筹划反奉方略，托病进入意大利医院。军内一切事务、往来函件等，交由魏益三全权处理。郭因而可以抽出手来，集中精力，准备起兵。郭不仅多次找至亲将领谈话，还登门拜访"天津寓公"黎元洪，以求协助。黎与段祺瑞、张作霖有矛盾，乃派饶汉祥、林长民协助郭松龄，密议反奉事宜。

这时，冯玉祥也获悉张作霖要向国民军进攻的消息。待韩复榘由日本返回包头后，对郭韩"东京密议"，闻之大喜，极为重视，并对韩说："这是一件大事……最好由郭先生写个亲笔的东西，派一两位亲信的人来，两下里从长计议一下，方显得郑重。"11月6日，韩复榘迅返天津见郭，转告了冯玉祥将军欢迎合作的诚意。郭闻讯后，经过慎重考虑，决定派其三弟郭大鸣、亲信李坚白，由国民军代表王乃模陪同，于19日乘车去包头与冯玉祥接洽合作问题。郭方代表还向冯转告了直隶督军李景林也同意参加起事。冯当即表示欢迎，只是对李争要热河地盘一事，提出异议。

双方经过两天紧张会商，求同存异，取得一致意见。接着双方缮写密约两份，冯玉祥代表国民军，于20日在密约上签字。同时，冯又在密约上亲书"严纪律，爱百姓，就是真同志"几个大字，以示真诚合作，反对内战，共讨奉张。冯还派其参谋长熊斌、王乃模陪郭方代表同返天津。郭松龄对郭大鸣、李坚白二人胜利完成使命表示满意，于 22 日也在密约上签字盖章。眉批：郭李二人并未返天津，因被人盯梢，将密约交给白逾恒夫妇带到天津。

据高兴亚所著《国民军革命史初稿》一书所载，密约全文如下：

甲（指冯）乙（指郭）系同志结合，为达到左列革命目的，公订条约如下：

（一）排除军阀专横，永远消灭战争。

（二）实行民主政治，改善劳工生活与待遇。

（三）实行强迫普及教育。

（四）开发边疆，保存国土。

1. 直隶、热河均归丙（指李景林）治理。甲为贯彻和平主张，对热河绝不攻取，甲军随意驻扎，但直省全部收入（保大在内）均归丙军，甲军绝不侵夺。山东听其自然变化，但黄河以北各县由丙军驻扎，收入亦归山东。天津海口，甲军自由出入之。

2. 乙为开发东三省，经营东北部内蒙古，使国民生活愉快，消除隐患，拥护中央，促进国家统一起见，改造东三省政府。前项改造事业，甲以诚意赞助之，并牵制反对方面。

3. 乙诚意赞助甲开发西北，必要时，亦以实力赞助之。

（五）以后两军，犯左列条件之一者，此约无效。

1. 为攘夺权利，向内地各省战争。

2. 为达前项战争目的，订立卖国条约，向外国借款。

197

3. 引用外国兵力，残杀本国同胞。

（六）中央政府之组织及施政方针，以不妨碍开发西北及不断送国家权利为限，悉依国民公意，甲乙两军竭诚拥护，绝不干涉及掣肘。

（七）此约签字后，即发生效力。


冯玉祥印　十四年十一月二十日

郭松龄印　十四年十一月二十二日

**附件：**

（一）于商订主义，须依乙方之方针办理之。

（二）有违前项协定时，由甲乙两方予以适当之处置。


《冯郭密约》之签订，最终实现了双方在政治上、军事上的联合。郭为表示与奉军相异，遂将所属部队，改称"东北国民军"。

正当《冯郭密约》紧张进行之际，突然奉天拍来电报，电召郭松龄、李景林立即返奉。

这时张学良正在意大利医院看望郭松龄，张学良也力促郭松龄返奉，亲见大帅，面述其情，以消疑虑。郭则当即向少帅直言："上将军脑筋太旧，受群小包围，恐无可挽救。"劝谏张学良出面掌管东北行政。张学良以自己多年来与郭的接触和了解，深知郭这次决心已定，觉得在天津不可久留，否则凶多吉少，便立刻用电话命令卫队人员，速去火车站备车。当晚张学良搭乘专列，沿北宁线潜出山海关。这之前，冯玉祥早曾电告郭松龄，要他设法扣住张学良。然而，郭念其与少帅多年之情意，下不了决心，结果张学良安全返奉。

在形势紧张之际，郭妻韩淑秀由奉匆忙到津，将杨宇霆在大帅面前竭尽谗言、恐对郭不利一事告诉郭，劝郭不可轻入张杨圈套。郭随之决定提前发难。立即召集刘伟、高纪毅、霁云、魏益三等计议。郭愤然泪下说："老将连年战争，拿打仗过日子。现在杨宇霆等人，又叫我们给他们争地盘，打江山。我们不干了！他们逼我们无路可走，只有一条路，打回奉天去！"大家表示"服从命令"。*眉批：是服从命令吗？还是同意反奉？*

11月22日，郭连夜离开医院，率司令部人员乘火车经雷庄，直趋滦州。命令驻京、津沿线廊坊、军粮城一带的军队，速向滦州、山海关方面集结。一场反奉驱张的战争就要开始了。*眉批：在滦州的军事会议应详写。*

199